全ての装備を知恵に置き換えること

石川直樹

集英社文庫

この作品は二〇〇五年九月、晶文社より刊行され、
文庫化にあたり加筆・修正しました。

全ての装備を知恵に置き換えること

ぼくは以前パタゴニアの渋谷店でアルバイトをしていたことがある。それは宇宙飛行士が身につけるほど商品の質が高かったということばかりでなく、何よりこの会社の社会に対する姿勢に好感をもったからだった。

パタゴニアはカウンターカルチャーとしての理想を掲げ、団体よりも個人、ツアーより一人旅に重きを置く。オーガニック・コットン（有機栽培の綿花）やヘンプ素材などを使ってシャツを作り、ペットボトルをリサイクルすることによってフリースを作った。何が必要かを考える前に「何が必要でないか」を考え、徹底的に使い手の側に立った装備を提供する。ぼくはパタゴニアの装備でアラスカやヒマラヤの高峰に登り、北米の川をカヤックで下り、星を見ながら太平洋の海を渡った。旅に行く際、どこかしらにパタゴニア製品をぼくが身につけているのはこのメーカーが作るものを心から信頼しているからである。

このようなパタゴニア製品の生みの親であり、根幹に流れる思想を築いて会社を立ち上げたのは誰《だれ》なのか？　その人物こそ、イヴォン・シュイナードというカリフォルニア生まれの無骨な男だった。
イヴォンの来日は表向きは社用ということになっていたが、彼が仕事をするためだけに日本に来るとは思えなかった。この日、数件の取材を受けた後の彼は、ぼくと出会ったときにはすでにいささか疲れた様子を見せていた。彼が楽しみにしているのは、次の日から向かう北海道で、質のいい雪の上をテレマークスキーで縦横に滑ることであるのをぼくは知っている。街を歩き人と話すより、人のいない山や素晴らしい波がたつビーチにいることに幸せを感じるのは、ぼくから見ても至極当然のことだった。しかし、他人から見て当然のように思える価値観も、それをあからさまに見せるトップは多くない。イヴォンのそんなオープンさは、彼のもとに多くの人を惹《ひ》きつける理由の一つでもあるだろう。

パタゴニア鎌倉店の前で落ち合ったぼくらはイヴォンの希望もあり、近くの延命寺に向かった。夏になりかけの柔らかな陽射しが気持ちいい。寺の境内《けいだい》をゆっくりと歩きながらイヴォンと話をした。
ぼくはPole to Poleというプロジェクトに参加し北極から南極を旅したことや今まで登った山について彼と話した。嬉《うれ》しそうに聞いてくれる彼の横顔を見ながら、想像もつかないくらい多くの遠征をこなしてきたイヴォンがぼくと同じ年齢のとき、何をしていたのかふと気になって尋ねてみた。

「二四歳のときに何をしてたかって？　ほとんどの日々をクライミングに費やしたよ。一年のうち八ヵ月間クライミングをして、そして一年に二〇〇日は寝袋で寝ていた。いい生活さ。旅行をするためにクライミングギアを作っては売ってたね。カナダ、ワイオミング、ニューヨーク……。私はただ旅をし、クライミングとサーフィンに明け暮れていたな」。Just traveling, climbing, and surfing. 彼はそう言ったのだ。

一九五七年、カリフォルニアの高校を卒業したイヴォンは大学へ進学せず、鍛冶《かじ》技術を独学で覚え、クロモリ製のピトンをはじめ、さまざまなクライミングギアを作りはじめる。そしてヨセミテなどを中心にクライミングをしながら、自分の作った道具を車のトランクに入れて売り歩いたのだ。一九七一年になって現在の本社があるカリフォルニア州ベンチュラにシュイナード・エクイップメント社の直営店――それは一軒の粗末なブリキ小屋だった――をオープンするまでのあいだ、彼は旅をした。会社の名前にするほど思い入れのある南米パタゴニア地方をはじめて訪ねたのは、一九六八年のことだった。翌一九六九年、彼は南米パタゴニアの針峰フィッツロイにアメリカン・ルートを開くことになる。彼は人間と自然との関わり合いを考えていく中で、受け継ぐべき聖地として「パタゴニア」の地名を胸に刻み、シンボルマークとして一年のうち雲のかからない日が数日しかないといわれるフィッツロイを選んだ。アルピニズムを中心に、〝道具〟

として使えるギア作りと、自然環境との関わりを常に重視するパタゴニアの理念はここからはじまったのだった。

「今年もパタゴニアに行こうと思っている。一つの旅を計画しているんだよ。それはフィッツロイの近くを流れる川の源流から、カヤックを漕《こ》いで海まででるというものだ。多分、二週間くらいで下れるだろう。追い風だし簡単な川だよ」。フィッツロイの麓《ふもと》には氷河から溶け出した水が流れる、美しい川がある。鮮やかなエメラルドグリーンに白砂が加わり、乳白色をしている小さな川。あの気難しい山から吹き降ろす風を背に下る川旅はきっと素晴らしいものになるだろう。南米パタゴニアはイヴォンにとって究極の遊び場であり聖地なのだ。

イヴォンにミクロネシアの古代航海術の話をすると目を輝かせた。ぼくはこれまで毎年のようにミクロネシアの離島に通い、現地の古老から海図やコンパスなどの近代計器を一切使わない伝統航海術を学んでいる。ミクロネシアの航海術は、ぼくの師匠でもあるマウ・ピアイルグという男を起点に、ハワイや南太平洋全体にも広がっている。それは海洋民としての誇りを失いかけていたアイランド・ピープルたちにとって、自分たちのアイデンティティを取り戻す大きなうねりのようなものだった。

イヴォンはハワイの伝統航海師ナイノア・トンプソンのことや、レジェンド・サーファーで現在は鎌倉でポリネシアンカヌーの建造に奔走《ほんそう》しているタイガー*・エスペリらのことをよく知っている。そしてナイノアやタイガーたちが身体を使って携わっている古代航海が、どれだけ冒険心に満ちていて興味深いものであるかということを、十分に理解していた。タイガーやナイノアたちの近況をぼくに尋ねた後、彼はこう言った。

「冒険というものの究極は自分の身体一つで行なうことだと思っている。もしある人がはじめてクライミングをやりはじめたら、周りにある装備を全て使うだろう。例えばアイスクライミングだったら、最初はダブルアックスで氷壁を登るかもしれない。それはとても簡単なことだ。しかし、技術を身につけていくにつれ、その氷壁を一本のアイスアックスで登れるようになるかもしれない。もしも、禅マスターだったらここに座ったままでも氷壁を登ってしまうかもしれない（笑）。それはある道筋のようなものなんだ。私にとっての究極は何の道具も使わない〝ソロクライミング〟なんだよ。チョークもクライミングシューズもガイドブックも……。裸で登るのが究極さ。きみが興味をもっている古代の航海術と同じように、全ての装備を知恵に置き換えること。それが到達点だと思ってる。私はそれを完全に信じてやまない」

　パタゴニアのクライミングギアの特長は、実用性に徹していることだ。無駄のないデザインと最小限の生地、そのような機能性から生まれる形は結果的に美しくシンプルなものになる。「全ての装備を知恵に置き換える」。それは過保護な日本の社会に、また科学技術に頼りきった現在の世界に最も欠けていることだ。

寺の境内を一人の若い僧が歩き、ぼくらの前を通り過ぎていった。彼はその僧を目で追いながら話し始めた。

「例えばセーリングの旅にでたとき、電気が全て使えなくなったとする。それはこの先世界がそうなったときに考えられる状況とまったく同じものだろ。人々はその世界をどうやって生きていいかわからない。大多数の人々はね」

イヴォンはさらに続ける。

「子どもたちに一度こんなことを教えたことがある。以前、私と息子が道を歩いていると、車に轢《ひ》かれた鳥を見つけたんだ。私はその亡骸《なきがら》を家に持ち帰り、皮をはぎ、さばいて調理をし、食べた。そしてそのやり方を息子に教えたんだ。さらに、鳥の羽根からフライを作り、作り方も教えた。そのフライをもって川に行き、それで魚を釣って食べたんだよ。私の息子たちはその一連の過程を決して忘れることはないだろう」

水や食べ物はどこからやってきてどこに行くのか。少なくない数の子どもたちは、食料というものがスーパーマーケットに並んでいるようにパッケージ化されてでてくるものだと思い込んでいる。現在では、切り身ででてきた魚の本来の形を知らない子どもも多いらしい。そのような環境を大人が提供しながら、「自然を大切に」などという絵空事を子どもに説いても説得力はゼロだ。教科書で毎年のように教師から教えられる押し付けがましいエコロジーなんてそれこそまっぴらだと思う。実際にフィールドにでないとわからないことはたくさんあるのだ。

「二〇年ほど前、私はある講座を受けもって、子どもたちに料理を教えたことがある。そのとき私は料理を教えるのに、鍋《なべ》もフライパンもコンロも使わなかったんだ。私は小麦粉と少しの水を使い、自分の手で生地をこね、パンを作ってみせた。そしていくつかの拳《こぶし》大の石を拾ってきて、焚《た》き火《び》で焼き、その石でパンを焼いた。さらに近くの川で魚を捕ってきて焼いたんだ。私は結局何の道具も用いずに料理を終えた。それが本当の生きる力というものなんじゃないか？　私の生活の全ては〝実践〟からきている。そのような力はどんな道具より信頼のおけるものさ」

世界に地理的な空白がなくなった現在、私たちはこれからどこへ向かおうとしているのか。現代における冒険とはいったい何なのだろう。ぼくらは寺をでて再び歩き出した。

「冒険なんてどこにでもあるものさ。そんなものは自分で生みだせばいいんだ。複雑なものから、よりシンプル、より純粋なものへと追求していく過程というのは全てが冒険なんだよ」

世の中に溢《あふ》れるモノに背を向けて、シンプルな生活を目指すのも、たくさんある選択肢の中から本当に自分のやりたいことを選び追求することもそれは冒険だろう。イヴォンは続ける。

「世界で一番素晴らしいクライマーというのはTシャツにショーツ姿でヨセミテのエルキャピタン北壁を三時間で登るやつのことだ。雨具も水も食料も問題ではない。自然へのインパクトを最小限におさえてただ登って降りてくる、それだけのことさ。何ヵ月もかけて行ったりきたりしながら達成する遠征とは反対の新しい領域の冒険だろうね」

それはイヴォンがこれまで行なってきた数々の山行や波乗りのスタイルをあらわしていた。自然はもともとそこにあり、人間はそこに入り込ませてもらっているという思想。今ある自然はできるだけそのままの姿で次世代に残さなくてはいけないという想い。彼はさまざまな場所をそれぞれ何度も訪ねているので、思い入れのある地とその環境が変化していくさまに敏感なのだ。環境の変化と同時に、自分たち人間自身の変化についても尋ねてみた。

「進化は前に進んでいるのではなく、時おり後退しているのではないかと思うときがある。もし目の前にあるこの水がアフガニスタンやパキスタンからきた水だったら、私たちはみんな腹を壊すだろう。現在の私たちは浄水装置や浄化剤を使わなくては生きていけない状態になっている」

ぼくはミクロネシアで何度も腹を壊した。あの島には井戸水がなく雨水を貯めており、その衛生状態はきわめて悪い。また、犬や亀《かめ》などを食べたあとも、時おり調子がおかしくなった。辺境の地を旅して常に思うのは、現地の人々との生きる力の差だ。自分はこうも弱いのか、と落胆することも多い。

「私は一六歳のときにメキシコに行ったことがある。そこでサーフィンをしながら旅を楽しんだよ。しかし、現地の食べ物を食べてひどく身体を壊したんだ。でも私は決して薬を飲まなかった。そのかわり、塩や木炭などを水に入れて飲んだりした。そうしたら、時を経るごとに身体が丈夫になって腹を壊すこともなくなってきたんだ。何がいいたいのかというと、そのへんの雨水なんかでも、いつも飲んでいたら身体のほうが順応して強くなる、ということさ」と言いながら、彼は道端にあったししおどしを指差した。竹を鳴らすあの水を飲んだら、さすがに腹を壊すに違いない。イヴォンはだいぶ歳をとってきたとはいえ、何を食べてもエネルギーに変えてしまいそうな雰囲気をもっている。

「進化というのは理由なしには起こらない。全ての進化は必然なんだ。人間にふりかかるストレスがあってはじめて人間に進化が起こる。私の指は今は柔らかいが、毎日一時間ずつ二週間もクライミングを続けたら、かちかちに固く強くなるだろう。人間の進化なんてあっという間さ（笑）」

そう言うとイヴォンは自分の指を差し出した。グローブのような太い指は、しかしとても柔らかかった。

最後に次に行ってみたい場所を尋ねた。

「これから行ってみたい場所？　そうだな、南太平洋に行ってみたいと思っている。子どものころ、太平洋に関する本を何冊も読んで昔から憧《あこが》れていたんだ。しかしそうはいいつつも今は他のどんなことより、畑仕事をするのが楽しいね。庭園や畑には人間が必要としている生きるための全てのレッスンが含まれていると思う」

それは盆栽みたいに自然を愛《め》でるという意味も含まれているのですか？

「いや違う。自然をコントロールすることではないんだよ。盆栽は自然のコントロールが大切だろ。だから私はあまり好きではないんだ。私が興味をもっているのはオーガニックガーデンで有機食品を育てること。それはとても難しいことでもある。川や海から魚を捕まえ、畑から作物を収穫して生活する、そのようなシンプルライフを望んでいる。自分の庭、そして畑の手入れをしていると、非常に満たされた気持ちになるんだよ」

ぼくらの鎌倉散歩は終わりに近づき、車の音が聞こえてきた。最後にイヴォンはこんな話をした。

「レベルの高い難しいクライミングをいくつもこなした後、何がしたいかを問われてある男は言ったそうだ。歩きたい、と。未知の方角へずっといつまでも歩いていきたい、そう言ったんだ」。イヴォンはそう言いながら微笑《ほほえ》んだ。その言葉が彼のこれまでの人生を築き上げた哲学のように思えた。

＊二〇〇五年、タイガー・エスペリはハワイで永眠した。五八歳だった。

全ての装備を知恵に置き換えること　目次

V

大地

Ⅵ　空

写真・石川直樹

I

海

海流　ミクロネシア

ミクロネシアの離島に住む航海者たちは、カヌーの揺れ具合や船体にあたる水の音によって、方角や自分がいる位置を把握する能力をもっている。熟練した航海者はカヌーの上で横になっていても、海上のうねりの種類を見分け、船が向かっている方向を常に意識し続けることができる。今カヌーにあたっている波が、自然発生によってできたものなのか、ある海流によるものなのか、もしくは近くの島にぶつかってはねかえってきたものなのか、身体で感じ分けるのだ。航海者たちは常に「今いる場所と向かっている方角」について、冷静な視点と先を見据えるビジョンをもっている。

海上の流れにはさまざまな種類がある。よく誤解されることだが、「海流」と「潮流」は異なっている。海流とは海上にある川のような流れのことで、一定方向へ向かって循環し、季節や年によって水量も変化する。日本を取り巻いて流れる〝黒潮〟は、この海流の代表的なものである。

一方、潮流とは潮汐《ちょうせき》によって起こる海の流れのことだ。一定方向に進む海流と違って潮流は二方向あり、それは海流と逆転していたり、ある区域を往復したりする。つまり、時間によっては東から流れていた潮流が、今度は西から流れることもある。渦で有名な鳴門《なると》海峡は、潮流によって作られた局地的な流れにほかならない。

昔の人々は海流を利用したり、あるいは意図的に海流に逆らって航海をし、遠洋に出て目的地の島を目指した。海の流れは漂流といった偶発的な移動を引き起こすこともあったろうが、島から島へと移動を繰り返す人類にとっては、現代の高速道路のように海上のハイウェイ的な意味合いもあったに違いない。

ミクロネシアのウォレアイ島に滞在しているあいだにこんな話を聞いた。隣のイファリク島にモーターボートが入ったというのだ。ミクロネシアの離島の中ではぼくが知っている限り、島にモーターボートがないのはこのイファリクだけだった。イファリクは他の島に比べて特に伝統文化が色濃く残っている数少ない場所の一つだった。どうやら若い連中がチーフにかけ合ってモーターボートの購入を承認されたということらしい。

モーターボートを使いだすと、漁の効率があがるため、漁場が荒れる恐れがあり、魚の数や種類が徐々に変化していく。また網を使った大がかりな漁も頻繁に行なわれるようになるので、魚が仕掛けに敏感になってしまうという。簡素な釣り針で釣れた魚も、今では市販のルアーでさえ引っかからないくらい賢くなっているという話も聞いた。カヌーを操る伝統航海術は必ずしも身につけておくべき技術ではなくなり、衰退していくだろう。動力のないカヌーで海を漂うあの感覚も、エンジンの振動に打ち消されてしまうに違いない。海上のうねりを感じ分ける航海者たちも徐々に姿を消していくかもしれない。しかし、それらは島の人たちが考えた末の決定で、ぼくは批判する立場にない。それが歴史の流れであり、島の人が決めた、来《きた》るべき未来への選択だったと思っている。

時にぼくたちは流れに逆らい、あるいは流れにのって、それぞれの時代を生きている。流れを把握することは大切だが、それにのるかのらないかは目的地の方角次第なのだ。常に現在地を冷静に把握している航海者たちは、漂流しても自分が進むべき道をおのずと見つけることができる。一時期の風で起こったうねりと本物の海流を見分けるには経験を積み、自分を信じるしかない。流されず、自ら判断していくということ。荒々しい木彫りのような海上は、いつかなめらかで優しい海に変わるかもしれない。熟練した航海者のような卓越した感覚を自分が身につけられるのは一体いつになるだろうか。

アウトリガーカヌー　グアム

太平洋に降り注ぐ、射るような陽射しを久しぶりに浴びた。つい数日前までアフガニスタンに滞在しており、寒風に身体を震わせていたのが嘘《うそ》みたいだ。体重は減り、腹の調子は未《いま》だに芳しくなかったが、南国グアムの温かい空気に触れていると、少しは身体が落ちついてくるような気がする。

今回は、アウトリガーカヌーの国際レース「MICRONESIAN OUTRIGGER CUP 2002」を見学するため、グアムにやってきた。この大会はミクロネシア地域に根ざしたアウトリガーカヌーの文化を復活させ、継承していこうという目的のもと、一九九九年にスタートした比較的新しいイベントである。ハワイのモロカイチャレンジなどに比べると規模も小さいしレベルも決して高いとはいえないが、このような大会が失われつつある伝統文化に再び火を灯すきっかけになれば、それは素晴らしいことだと思う。実際このレースを契機に、パラオなどでは首長の呼びかけによって、地元チームがいくつか結成されたという話を耳にした。

日本からも「鎌倉アウトリガーカヌークラブ」がエントリーしており、今回は女子を含めて三チームに分かれて参加していた。チームメンバーの中には沖縄や北海道からの参加者もおり、友人であるアイヌアートプロジェクトの早坂さんらも参加している。北方のアイヌ文化の担い手が南国でアウトリガーカヌーを漕ぎ、その経験は今後北海道でのカヌー作りにどう生かされていくのだろう。そういった意味でも、今回の大会は興味深かった。

鎌倉アウトリガーカヌークラブは鎌倉地区で活動するライフガードを中心に結成され、現在は約三〇名のメンバーが在籍している。ハワイやニュージーランドから四人乗りのアウトリガーカヌーを日本へ持ちこんだことをきっかけに、鎌倉市の材木座《ざいもくざ》海岸を拠点にして自然体験プログラムや指導者養成など地道な活動を続けている。

ぼくがこの大会を知ることになったきっかけは、クラブの代表を務める福永大希《ふくながたいき》さんからのメールだった。大希さんは学生時代からライフガードを続けているウォーターマンで、シングルパドルを使う舟の類《たぐい》には滅法詳しい。

去年はパラオで大会があり、その直後に大希さんからもらったメールの最後にはこんなことが書いてあった。「アウトリガーカヌーは人の心を一つに纏《まと》めるパワーがありますね。やればやるほど、その魅力にとりつかれていきます」。ぼくはミクロネシアの離島でセイル付きの大型アウトリガーカヌーを使って航海術を学んだが、パドルを使って〝漕ぐ〟アウトリガーカヌーに乗った経験はほとんどなかった。人の心をつなぐ舟とは一体どのようなものだろう。そのメールを読んで以来、アウトリガーカヌーのことがずっとぼくの頭の片隅にあった。

アウトリガーカヌーとは、アウトリガーと呼ばれるバランスを取るための部位が船体の横に大きく張り出しているカヌーのことだ。グリーンランドでぼくが乗った「カヤック」は、ダブルブレードのパドル（櫂《かい》）を用い、北極圏のイヌイットなどが主に使っている。一方、アウトリガーカヌーはシングルブレードのパドルを用い、環太平洋上の暖かい地域において使用されていることが多い。

余談だが、北海道や東北周辺のアイヌが使っていたイタオマチプと呼ばれるカヌーには、アウトリガーはついておらず、パドルはシングルブレードにもかかわらず、水をとらえる部分がイヌイットのカヤックのように細かった。あの舟にカヤックとカヌーの融合を感じるのは考えすぎだろうか。

昔からカヌーは海上での移動の道具として、人類にとって必要不可欠なものだった。アフリカで誕生した人類はユーラシア大陸を東へと移動し、ある者たちは氷結したベーリング海峡を徒歩で渡って北米大陸に入り、やがて南米まで足をのばした。これが「グレートジャーニー」と呼ばれる人類の壮大な旅路である。

しかし、その過程でベーリング海を渡らずに中国の雲南省のあたりから南下して、現在の東南アジア方面へ向かった者たちがいた。彼らはカヌーの原型となる筏《いかだ》を作り出し、やがて海の道を通って東南アジア島嶼《とうしょ》部へと渡る。四〇〇〇年ほど前になると、タロイモやヤムイモなどの根菜類中心の農耕文化を携えて、沖合いの島々に居住地を定めながら速いスピードでさらに東へと移動する。ミクロネシア地域を抜けた彼らは、ポリネシアのマルケサス諸島にまで達し、そこから放射状に北のハワイ、南東のイースター島、南西のニュージーランドへ到達したのだった。これは、マゼランなど西洋の航海者たちが現れるはるか以前のことである。

今いる島から見えない遠くの島へ向かう遠洋航海には、主にセイル付きの大型カヌーが使われていた。ぼくが以前からミクロネシアで学んでいる伝統航海術も三角帆がついた大型カヌーによって行なわれることを前提にしたものだ。

一方、グアムで開催された今回のレースは、帆のついていないレーシングタイプのアウトリガーカヌーが用いられる。これは最もシンプルな形のカヌーをよりスピードが出るように洗練させたものだ。伝統文化の継承が途切れてしまった現在のグアムにはカヌー文化はほとんど残っていなかったが、最近になってハワイなどから輸入されている。

大会に名前が冠されているミクロネシア地域において、レースやレジャー目的以外に生活の一部としてアウトリガーカヌーを使っている島はそんなに多くない。ミクロネシアの離島でぼくが実際に目にしたアウトリガーカヌーは、丸太をくり抜いた一人乗りの小さなもので、沿岸部での小魚釣りに使われていた。また、島の周りが珊瑚《さんご》の浅瀬になっているために貨物船が接岸できず、それを沖へ出迎えにいくときの交通手段として使われていることもあった。

以前、小笠原の父島に滞在していたときに、プラスチックの樹脂のようなものでできているやはり小さなアウトリガーカヌーを見たことがある。伊豆諸島と本州のあいだを行き来した黒曜石の輸送にもカヌーが使われていたようだし、昔は日常生活に不可欠なものとして多くの島で普及していたはずだ。

グアムでの大会当日の朝、艇をスタート地点に運ぶ際、はじめてレーシング用のアウトリガーカヌーに乗らせてもらった。一人乗りのアウトリガーカヌーに乗ってミクロネシアの離島をまわったことはあるが、チームとしてまともに漕いだことは今まで一度もない。六人乗りのアウトリガーカヌーは思った以上に安定感があり、水を切るスピードはサタワル島の小さなカヌーとは比べものにならなかったし、もしかしたら一人艇のカヤックと同じくらいの速さがでていたかもしれない。オープンデッキのカヌーは鈍重だというイメージを勝手にもっていたので、水の上を滑るこの爽快感《そうかいかん》には驚くしかなかった。

レーシングタイプのアウトリガーカヌーは通常四人から六人でパドリングし、カヌーの上では最後尾に座るステアマンの指示に従うのが原則となっている。パドラーは前から交互に左右を漕ぎ、そのスピードやフォームは、先頭に座るパドラーに合わせることになる。

ぼくの漕ぎ方は見よう見まねの付け焼刃なので、後ろに座った大希さんのアドバイスに耳を傾けながらとにかく全身をつかって漕ぐことを心がけた。およそ一五回に一度、「HUT（ハット）」という号令がかかり、その直後の一漕ぎで全員一斉に「HOE（ホウ）」と掛け声を合わせながら漕ぐサイドを入れ替える。そのタイミングがなかなか難しく、最初は遅れてしまうことが多々あった。

実際のレースコースを漕がせてもらい、なんとなく感覚もわかって満足しながら岸に上がると、どこからかぼくの名を呼ぶ声が聞こえる。行ってみると、「さあ、がんばろう！」と声をかけられた。「ん……？」。考える暇もなく、いつのまにかぼくはチームの一員として登録されていた。メンバーが不足していたのだ。

とにかく漕ぐしかなかった。五〇〇メートルと一五〇〇メートルの二種目に参加させてもらい、下手なパドリングで自分に水飛沫《みずしぶき》をかけながらとにかく漕いだ。それらの過程でようやく、アウトリガーカヌーがどのような乗り物なのかわかってきた。

アウトリガーカヌーはパドリングをする時だけでなく、運んだり、作戦を立てたり、メンテナンスをしたりと、常に複数の仲間と行動を共にする。さらに、体力や精神力はもちろん、連帯感、責任感も求められる。つまり、「一つのグループ（コミュニティ）があって初めて成立するスポーツ」なのだ。

大希さんが「地域とのコミットメントを大切にしていきたい」と強く言うのは、アウトリガーカヌーをスポーツのための道具としてではなく、自然と人間とのあいだに新しい絆《きずな》を築くための掛け橋として考えているからだろう。「アウトリガーカヌーには人の心を一つに纏める力がある」。それは沖に向かってカヌーを漕ぎ続けるパドラーと、海辺で祈るように声援を送るメンバーたちの後ろ姿を見てはじめてわかった。

光

ハワイ

ハワイのオアフ島に滞在していた。ハワイに行くのは、実に四年ぶりだ。ハワイ大学の寮に寝泊まりしながら、毎日学校の図書館や博物館などで航海術関係の調べものをし、暇さえあれば海に出ていたあのころを懐かしく思う。ヨーロッパ人の到来によって完全に途絶えてしまった伝統航海術を現代に甦《よみがえ》らせた男、ナイノア・トンプソンと直接会い、数々の遠洋航海をこなした往年の名カヌー〝ホクレア号〟に乗って訓練航海に出たのもそのときだった。

数年の月日が経《た》つあいだに、ホクレア号が日本に来るとか来ないとかという話がいつもどこかで耳に飛び込んできて、そのたびにぼくは海の旅へ思いを馳《は》せるのだった。ハワイアンタイムでゆったりと進行するホクレア号周辺の動きを知るために、今回の滞在では、いろいろな人に話を聞きながら島を歩き回ることにした。

ホクレア号はついこのあいだまで長いドック期間に入っており、多くの人の手によって修理や補修作業が続けられていた。今は再び元気になり、クルーを乗せて近海をまわっている。クルートレーニングも再開し、現在では主に十数人のメンバーがナイノア・トンプソンの指導のもとで訓練に励んでいた。その中に一人の日本人女性がおり、彼女は、偶然にもぼくの昔からの知り合いであることがわかった。彼女は、ナイノアの師匠であり、ぼくも弟子入りしたマウ・ピアイルグという古老に会うため、ミクロネシアにも行っていた。それらのことも数年ぶりに再会して話をするうちにようやくわかった嬉しい事実だった。海好きの彼女はハワイ大学に籍を置いて珊瑚の研究などをしながら、ホクレア号周辺の動きにも関わっている。海図もコンパスも使わず、舟を目的地に導く伝統的な航海技術は、島と島をつなぐ移動手段であるばかりでなく、このように人と人をつないでくれる力強いコミュニケーションの手段でもあるのだ。

クルーの話を聞く合間に、オアフ島のハナウマベイでシュノーケルをつけて素潜りをした。高校生のころぼくは小笠原や伊豆の御蔵島《みくらじま》などで、島に滞在しながら毎日海に出ていたことがある。映画『グラン・ブルー』に感化されて、どうやってより深く潜るか、どれだけ海と一体化できるかについて、呼吸法などを学びながら真剣に考えていたのだ。一時期は海女さんへ弟子入りすることも本気で考えていた。その試みは高校卒業と同時に途切れてしまったが、タンクを背負わない素潜りが今でも好きだし、イルカと一緒に

泳いだ経験は忘れられない。

ビーチの近くは観光客で賑《にぎ》わうものの、ひとたび海に入って沖へ向かいしばらく泳げば、喧騒《けんそう》とは無縁の美しい世界が目の前に現れる。ギンガメアジやオオフエヤッコダイが珊瑚礁の合間で体を揺らし、いつのまにか自分のまわりを囲む。海の中は静かだ。耳抜きをしながら三メートル、五メートルと徐々に深く潜っていく。自分の意志で下へ向かうわけだが、なんだか深く沈んでいくようなこの感覚はなんだろう。静けさの重みが増していって、やがて時間が消滅する。陸の喧騒の中で生きる人間にも、このような静けさがきっと必要なのだ。

やがて上を向くと、海面に降り注ぐ太陽の光が見えた。ぼくたちは頭上にある明るい光を見ることができるし、その温かさを感じることだってできる。未来の光を感じるのは、預言者でも占い師でもなくて、自分たちなのだ。海面を目指して、ぼくはフィンをつけた両足に力を入れた。海水が体をつたって下へ流れていくのをはっきりと感じた。

存分に泳いだ後、岩が剝《む》き出《だ》しになった立ち入り禁止の岸に上がろうとしたところ、不覚にも後ろからの波に巻き込まれて岩壁にぶつかり、鋭い岩礁の上をくるくると転がってしまった。膝《ひざ》から下は血まみれになり、手にもいくつかの傷を負った。ライフガードのところに行くと、日本では見かけなくなった〝赤チン〟をつけられて、膝を真っ赤にしながらぼくは宿に戻った。

日本に帰国した今もまだかさぶたが完全にできておらず、少しばかり足を引きずりながら歩いている。人ごみの中を歩いて、ジーンズと膝がこすれるたびに、ハワイの海を思い出す。ホクレア号は今も真っ青な海原に出ているのだろうか。あの光溢れる静謐《せいひつ》な空間に次に戻れるのは、一体いつになるだろう。

海の人　ハワイ

目が覚めるような黄色を身にまとった魚がぼくの真下を優雅に泳いでいる。キイロハギという魚で水槽魚の中では最も人気が高いそうだ。日本では一匹数千円で売られているらしい。海に浮かびながらこれらの話をしてくれたのは、三年前からハワイに住んでいる友人だった。彼女の名前はカナ。オアフの東側に浮かぶ小さな島の周辺で珊瑚礁の調査に携わっており、ハワイに昔から伝わる伝統カヌーの唯一の日本人クルーとして、航海なども経験している。

彼女と知り合ったのは、環境教育を行なうあるNGOのミーティングのときだった。家が近かったので、成り行き上、同じ電車に乗って帰ることになった。隣同士の席になったものの話題がないので、仕方なくぼくがアラスカの話をすると、急に目を輝かせたのを覚えている。あの頃《ころ》ぼくらは大学二年生で、まだ世界のことをよく知らないくせに、日本の社会に対して妙に冷ややかな視点をもっていたように思う。ここではないどこかの話、それも自然が色濃く残っている場所についての話になると、なぜか盛り上がった。

「アラスカは寒いんでしょ?」というぐらいの反応を期待していたのだが、彼女はアラスカの地名をよく知っていた。理由を尋ねると、実際に何度か足を運んでいるという。彼女の口から「アークティックビレッジ」という地名が出たときは少々驚いた。アークティックビレッジはアラスカの北東部にあり、幹線道路からかなり離れた場所にあるため、飛行機をチャーターするしか行く方法はない。そこに行くには、観光以上の特別な理由が必要となってくる。彼女はアラスカに住む友人と一緒に訪ねたと言った。

地下鉄から降りて、駅の出口に出るまでぼくらはそんな遠い場所の話を延々と続けた。それ以来、さまざまなイベントで会う機会があったのだが、ぼくがPole to Poleの旅に参加した二〇〇〇年、彼女もまたハワイへと旅立ち、それ以来会うこともなくなっていた。

今回たまたまハワイへ行くことになり、彼女からもらった年賀状をたよりに現地で連絡をとってみた。受話器の向こうに以前と変わらない彼女の声があり、いつのまにか話し込むうちに、この数年に起こった出来事がひもとかれていた。

興味を惹かれたのは、古代のダブルカヌーの復元であるホクレア号という船に彼女がクルーとして乗り込んで、訓練を積んでいるということだった。ハワイの人々に広く知られているホクレア号のナビゲーター、ナイノア・トンプソンとも交流があり、彼女はナイノアと共に短い航海を経験している。

以前ぼくはハワイ大学の寮で数ヵ月暮らしていたことがあって、そのときにホクレア号の訓練航海に参加した。まわりのハワイアンは生粋のウォーターマン、ウォーターガールたちで、実にたくましく思ったのだが、今その中に彼女が入っていることがぼくにはちょっとした驚きだった。そういえば、肩幅も広くなっているし、日焼けした肌からは、東京にいたときとは比べものにならないくらい生命力が増したのを感じる。

クアロアという海岸で彼女とその仲間がセイリングカヌーの練習をするというので、参加させてもらった。航海用のカヌーと違って数人が乗れるだけの小さなカヌーだが、そのぶん風にのると驚異的なスピードが出る。海の上をまさに滑っていく感覚だ。チームメイトの指示に従ってパドルを必死に漕いでいるときは、全身に心地よい緊張感があり、飛ぶような空気感とあいまって、気分が昂揚《こうよう》する。このようなセイリングを毎日のように行なっているカナが、海の人になっていくのは当然の成り行きだったろうと思う。

セイリングの後、ナイノア・トンプソンが師匠マウに航海術の教えを受けたラナイ・ルックアウトと呼ばれる岩壁に向かった。カナはハワイ以外にもミクロネシアで航海術に触れた経験をもっている。ぼくが極地や登山に興じているあいだに、彼女は随分といろいろな経験を積んだようだ。ラナイの丘で白波の立つ海を眺めながらぼくらは未来に

ついて話した。

「ハワイの海で得た経験は、いずれ日本にもち帰って子どもたちに伝えていきたいの」という彼女の言葉を聞きながら、ナイノアやマウの顔が頭に浮かんだ。移り変わる時代の中で、ナイノアたちが体現した海で生きるための知恵は、確実に受け継がれつつある。その一端を担っているのが、学生時代に遠い場所の話をしながら盛り上がった友人であることが嬉しかった。彼女が指差す方向をじっと眺めると、クジラの尾が見えた。しばらくすると、あちこちでクジラのブリーチングが見え出した。水平線の先に、見えないはずの島を見るとき、若い頃抱いた未来への不安はいつしか明確なビジョンへと変わる。ぼくらはクジラの姿を追いながら、長い時の流れをさまよっていた。自分が乗る舟のナビゲーターは自分自身であることにぼくらは今ようやく気づこうとしている。

サバニ　座間味

沖縄の那覇《なは》にある泊《とまり》港から西へ約四〇キロ。高速艇に乗ると約一時間の距離だそうだが、ぼくは〝フェリー座間味《ざまみ》〟というもうひとつの連絡船に乗って、阿嘉島《あかじま》経由でのんびり座間味へと向かった。所要約二時間。果たしてこの距離をサバニで行くと何時間かかるのだろう。

座間味は慶良間《けらま》諸島の中でも比較的大きな島で、冬には回遊するザトウクジラが見られることでも有名だ。透明度の高い珊瑚礁の海はダイバーにもよく知られている。今回、ぼくが座間味に向かったのは、サバニと呼ばれる沖縄の伝統的な小舟のレースを観戦するためだった。

四回目となるこのサバニ帆漕《はんそう》レースは地元の自治体などと企業が協力して開催している。ホクレア号のナビゲーターであるナイノア・トンプソンがハワイからやってくることもあり、特に今回のレースは県外からも注目を集めていた。

ナイノアたちが乗るサバニは島にある海洋文化館に展示されていた古い舟だった。ぼくが到着したのはレースの二日前で、練習のため実際に海に出ている艇はナイノアたちのサバニだけだった。クルーに話を聞くと、アウトリガーを付けずにこのままの状態で海に出るのは不安定なので、プラスチックのパイプを使った手づくりのアウトリガーを取り付けるという。ナイノアはじめ、ベテランのウォーターマンたちが勢ぞろいしたメンバーをもってしても操船が難しいサバニを、昔の琉球人たちはたったひとりで操り、しかも中国・台湾・東南アジアなどにまで漕ぎ出していた。わずか数世代前の島民がもっていた知恵の数々を、一体ぼくらはどこで失ってしまったのだろう。昔の海人の卓越した能力にあらためて敬意を表したい。

レースが近づくにつれ、大小さまざまなサバニが続々と座間味へとやってきた。どのサバニにも転覆防止のための立派なアウトリガーが装備されている。今回のレースは漕ぎ手が六人と決められているので、それ以上の人数を収容できる大きな艇は不利になる。その点、ナイノアたちが乗るサバニは適度に小さい上に、日本を代表するパドラーが集まっていたので、レース開始前からこのチームが上位に食い込むことは誰の目にもあきらかだった。

レース当日、スタート地点となる古座間味のビーチに三〇艇を超すサバニが並んだ。帆かけサバニが沖縄から消えて久しく、いつも昔話をしてくれる島のおじいたちにこの眺めを見せてあげたかった。

快晴の強い陽射しの中、合図とともに一斉にサバニが海へ入った。スタートしたサバニの群れは、入り江にある小さな環礁を抜けたあたりで、数艇に絞られていく。トップを漕ぎ進むのはナイノアたちの艇で、二番手は沖縄水産高校の艇が続いていた。

長方形の帆、丸太をくりぬいた船底部分に木製の厚い板を張り合わせた船体。昔は腐食を防ぐために帆をブタの血などで染め、船体にはサメの肝臓の油を塗ったという。このような美しいフォルムのサバニが姿を消したのは、戦後になってアメリカ軍が放出したエンジンが出回ったからだった。水しぶきをあげて海をかき分けて進むエンジン付きの舟は確かに漁の効率をあげたかもしれないが、その代償として世界に誇れる知恵を捨てることになった。

海の上を音も立てずに滑るようにして走るサバニを見ていると、こみあげる喜びをおさえられない。ミクロネシアやポリネシアへ行かなくても日本の南にネイティブの海洋文化が残っているじゃないか。そう思うと、目の前を進むサバニが、自分たちを先導してくれる方舟《はこぶね》のように思えてきた。

優勝したのは予想通りナイノアたちのチームだった。しかし、彼が前日のスピーチで述べていたように、勝敗以上に大切なものをこの大会はもたらしてくれたと思う。サバニという海洋文化を次世代へ受け継ぎ、先人たちに向かって身体でリスペクトを表明する。日本の片隅で行なわれた小さな島のレースは、ヤポネシアをつなぐ海洋文化の象徴となるだろう。ぼくはそう願ってやまない。

波の花

那覇

「波の花」という名の民謡酒場に行った。「旅してばかりで疲れたでしょう。たまにはゆっくり沖縄民謡でも聞いてみたら」。那覇に住む友人はそう言うと、ぼくをこぢんまりとした居酒屋へ連れていった。店は雑居ビルの一階にあり、暖簾《のれん》をくぐると琉装の若い女性が自然な笑みで迎えいれてくれた。

友人がすでに予約をいれていたからだろうか、何も言わずに好物の島らっきょうが運ばれてきた。琉球の言葉でダッチョーと呼ばれるそれは、らっきょうというにはいささか長細く、見かけはネギのような形をしている。上にかかった鰹節《かつおぶし》に醤油《しょうゆ》をたらして口に運ぶと、島に降り注ぐ太陽の味がした。

ぼくはダッチョーがいかに好きかということを友人に話し、友人は麩《ふ》チャンプルーがどれだけ好きかということを力説した。特にこの店の麩チャンプルーは最高である、と彼女は言う。ぼくはそれらの会話に意味もなく満足し、古酒もすすんで、いい気持ちになっていった。

黒髪をアップにまとめたあの若い店員さんが、なにやらカスタネットのような打楽器をもって、ゆっくりと店の中央へやってきた。三線《さんしん》をもったお兄ちゃんがそのあとに続く。この店は民謡酒場というだけあって、古い沖縄民謡の生演奏がある。てっきりアロハシャツでも着たおじさんが三線をかき鳴らすのかと思ったら、そうではなかった。あの優しい笑顔の店員さんが、若いお兄ちゃんの三線にあわせて唄《うた》ってくれるのだ。

小さな店内に透き通った歌声が響く。「てぃんさぐぬ花や　爪先《ちみさち》に染《す》みてぃ　親《うや》ぬゆし言《ぐとう》や　肝《ちむ》にすみり……」。てぃんさぐぬ花とはインドが原産の鳳仙花《ほうせんか》のことで、昔はこの花をつかってマニキュアをするという素敵な風習があったそうだ。子どもたちが朝の淡い光の中で花を握りしめ、爪《つめ》を朱色に染めている。そんなことを思い浮かべていると、瞼《まぶた》の裏にまぶしさを感じた。花で爪先を染めるように親の教えを心に染めよう、と歌うこの歌詞から、琉球の人々がもつ詩情の豊かさを思わずにはいられない。

「ずいぶん楽しそうね」。友人はぼくの横顔を一瞬見て、すぐに歌う女性へと視線を戻した。「てぃんさぐぬ花は八重山《やえやま》民謡なの。この唄は親が子どもに伝える教訓の唄じゃなくて、子ども自身から発せられる意思表示の唄。島のおじいやおばあが元気なのは子どもたちが年寄りを敬っているからよ」。ぼくはうなずき、そして摩耗しない生命力をもったおじいやおばあの元気な顔を思い出した。

「あなたはいつ内地へ戻るの?」「明日か明後日には戻らないと。もっと長くいたいんだけどね」。彼女はぼくのほうを見ようとしない。いつしか〝てぃんさぐぬ花〟は終わり、聞き慣れた〝島唄〟へ変わった。ぼくたちは同じ歌声に耳を澄ませている。「ねえ、波の花って知ってる?」。唐突な質問に、どういうわけかぼくは刺身と一緒にでてくる小さな菊を思い出した。考えこんでいると、彼女は答えを待たずに言った。「波しぶきでできた小さな泡のかたまりのことよ。ほら今から聞こえてくる」。

~でいごの花も散り　さざ波がゆれるだけ　ささやかな幸せは　うたかたぬ波ぬ花……。店員さんの歌声はあくまで透き通っている。「このお店で過ごす時間は一瞬のさざ波みたいなものね」。彼女はそういうと残り少なかった古酒を飲み干し、グラスをまわして氷を鳴らした。「波の花」、はかないけれど、素敵な店の名だとそのとき思った。

合宿

糸満

今からちょうど一年前、沖縄本島南部、糸満《いとまん》の漁港近くにある教習所で合宿をしながら自動車免許をとった。実は数年前に東京の教習所に通いながら仮免許を取得したのだが、旅が続いて通わなくなってしまい、いつのまにか失効させてしまったことがある(なんというお金の無駄遣いだろう……)。アラスカやハワイなどの旅では車が必要不可欠だし、今度こそはなんとしてでも免許をとるぞ、という強い意気込みから、はるばる沖縄まで行って合宿をしようと考えた。

寮の部屋はベッドとテレビがあるだけの簡素なものだったが、生活は快適そのものだった。早起きをして近くの食堂で牛乳とパンをほおばり、昼は沖縄そばを食べて、夜は寮生や教習所の先生たちと泡盛を飲んだり、夜釣りにでかけて一日が過ぎていく。昼間の教習では、たまにウチナーグチが混じる学科教習を受け、路上に出ると人も車も少ない道路で安全運転にいそしみ、沖縄唯一のハイウェイで宜野湾《ぎのわん》まで快適なドライブをしながら高速教習を受けた。

教習は風土色溢れる豊かなものだった。本土ではまず教えてもらえないだろうと想ったのは、「カニ注意」や「カメ注意」といった標識である。沖縄本島北部にはカニが道路を横切る場所があり、もしカニを轢いてしまった場合は、車がスリップして事故につながるという。標識があるくらいだから、そのような事故が本当に起きたのかもしれない。動物が移動するすき間が一ミリもない都市の道路と比べると、なんとものどかな話だ。

先生方はアロハシャツならぬ〝かりゆしウェア〟を着て、授業を行なう。かりゆしウェアとはアロハシャツのような開襟《かいきん》シャツのことで、風通しが良く、暑い日も汗でべたつくことがない。沖縄では公務員の正装にも使用されているくらい普及している一品だ。人から聞いた話によると、アロハシャツとかりゆしウェアの違いは、アイロンをかけてパリッと着ているか否か、ということらしい。もちろんアイロンをかけて着るのはかりゆしウェアのほうだが、その違いはかなり微妙である。

一日の教習が終わると、バスで四〇分かけて那覇へ出かけて、数度の沖縄訪問の際に友人になった人々と会い、尽きることなく話をした。ある小劇団の立ち上げ公演をみて、写真展に出かけ、家からもってきた山積みの本を静まりかえった寮の部屋で遅くまで読んだ。窓を見ると、視線の先には海がある。港の光が時折ついたり消えたりするのを眺

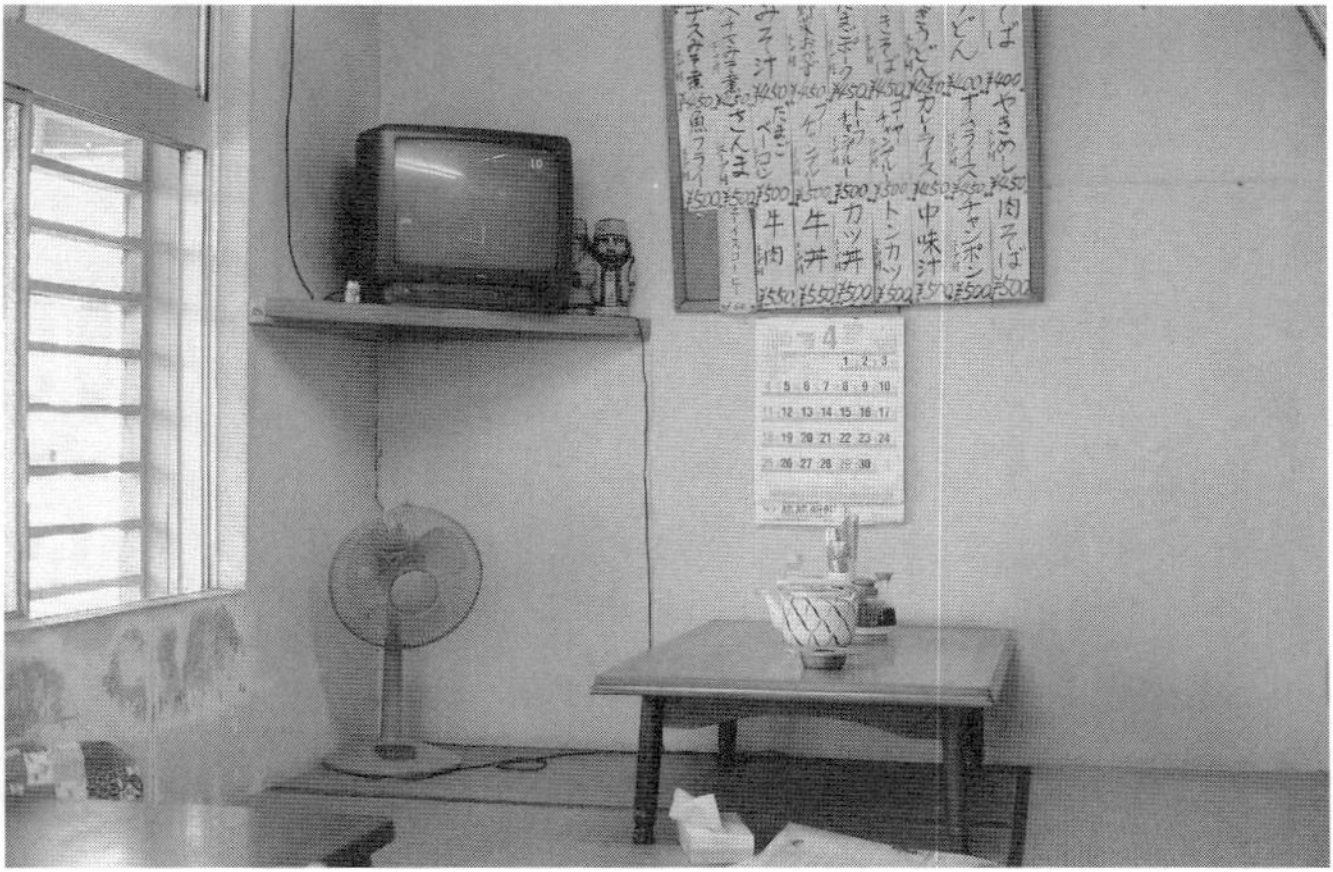

¥400
やきめし ¥450
肉そば ¥500
チャンポン ¥500
カレーライス ¥450
中味汁
トンカツ ¥500
カツ丼 ¥500
牛丼 ¥550
みそ汁 ¥450
たまご
さんま
魚フライ ¥500

めていると、網戸から涼しげな風が舞い込んできて、ベッドに横たわるといつのまにか朝を迎えていた。

近くには、バスの運転手御用達《ごようたし》のセンター食堂という店があり、どのメニューも安くてボリュームがあり、しかも美味《おい》しい。地元の人向けの食堂なので、メニューのなかにはその名前からはどんなものかおよそ想像できない食べ物もあった。例えば〝中味汁《なかみじる》〟。おそるおそる注文してみると、どんぶりいっぱいの汁がでてきた。中には豚の内臓が入っていて、ご飯のお供というよりはこれだけで腹を満たすものらしい。

合宿教習を受けている講習生は日本中からやってきていた。教習所の周辺には限られた店しかないから、結果毎日のように顔をあわすことになり、自然と顔見知りになる。職業もさまざまで、二浪に突入したばかりの茨城の浪人生がいれば、与論島《よろんとう》からやってきた写真学生もいた。大型免許をとって沖縄で働くことを目指すバイク旅のフリーターや、フリースクールに通う一八歳、なかにはイギリス国籍で香港在住の四ヵ国語を操る若者もいた。みんな気がいい奴ばかりで、毎日本当に楽しかった。人でごった返す都心の教習所で不機嫌な先生からしょっちゅう怒鳴られるよりは、かりゆしウェアから日焼けした肌をのぞかせる大らかな先生に教えてもらったほうがいいに決まっている。

四月三日に入校し、最短の四月二二日でぼくは卒業検定に合格してしまったのだが、わざと授業をとりこぼすなどして、もう少し長く滞在しようとも本気で考えた。しかし、どうしてもいくつかの仕事をキャンセルできず、やむなく東京へ帰ることになって、そのときはどうしようもなく憂鬱《ゆううつ》だった。

　こちらにはカニ注意の標識もなければ、一人で独占できる気持ちのいい海沿いの道路もない。電車とバスを使えば移動に困ることはないし、リスクを冒してまで車に乗りたいとも思わないのだ。自分の免許は、沖縄と海外限定である。限定を解除して都内仕様に昇華させたいという気持ちもなくはないけれど、それはやめておくことにする。自分に車は似合わない、日々そう言い聞かせているうちに、きっとペーパードライバーになってしまうんだろうなあ……。

Ⅱ

山

川

奥多摩

ぼくの登山は、川を遡《さかのぼ》ることからはじまった。

東京の初台《はつだい》という町に生まれ、まわりには多くの人が思い浮かべるところの〝自然〟というものがなかった。

公園で落ち葉拾いをし、どんぐりを集めた。駐車場で何匹かのアリをつかまえて、土を溜《た》めた大きな水槽に放ち、アリの巣が作られていく過程を観察した。アサガオを育て、観察日記を書いた。どの体験も都市の中にある小さな自然へと繋《つな》がっていくが、畏怖《いふ》の念を抱かせるような自然の深みを実際にみることはなかった。

今でいうアウトドアらしき活動をするようになったのは、小学校高学年になってからだった。児童向けの雑誌にルアー釣りをテーマにした漫画があり、それを読んで無性に釣りをしてみたくなった。

家の近くに、スーパーマーケットと見まがう大きな釣具屋があって、おもちゃのようなリールと竿《さお》のセットがわずか数百円で売られていた。何かの折に親にねだって買ってもらうと、家の前の駐車場でルアーを飛ばす訓練をした。近くに川があったが、三面コンクリート張りの川というよりは水路のようなもので、しかも水深は三〇センチほどなのに川面《かわも》まで一〇メートルくらいの高さがあった。一応川面に向かってルアーを投げてみたが、川に着水する前にルアーは行き場を失って死んだように宙に垂れ下がってしまった。

週末、昼間からぼんやりと寝そべっている親父をたきつけて、奥多摩へ行こうと誘った。とにかく自然の川で魚釣りをしたかったし、それ以前にルアーを川に投げ込んでみたいというささやかな願望があった。

親父は車にバーベキュー用品を詰め込んで、嫌な素振りも見せずに奥多摩へ連れていってくれた。多摩川の上流は、ニジマス釣りが盛んで、休日は多くの太公望《たいこうぼう》たちで賑わう。人がそんなに多くない川辺を探して車を止めてもらい、すぐに竿を振った。

魚はなかなか釣れなかった。ポイントを探して上流へ向かっているうちに、やがて川幅がせまくなり、森の中へ入った。魚がかからないことに苛立《いらだ》ち、いつしかぼくは竿を置いて、森の奥へ向かった。斜面にぶつかると木の根っこをつかみながらよじ登った。小道が見えたのはそのときだ。それはよく踏み固められた登山道だった。

その道の終点が見たくて、歩き続けた。河原に置いた竿が気になったが、人気のない上流だったし、あんな安物の竿をもっていく人もいまいと思い直して、さらに歩いた。「頂上まで三〇分」という看板を見つけて、もう止まれなくなった。空を覆っていた木々が少なくなり、高みへ向かっているのがわかった。

山頂は土が剝き出しになっていて、確かにそこより高い場所はなかった。谷を見ると自分が釣りをしていた川が見える。川を上流のほうへたどっていくと森の中へ消え、その延長上に今いる山頂がある。川の下流は見えなかったが、先にはよく電車から眺めた多摩川の河川敷があり、それがやがて海へ繫がっていくことを思うと、自分と目の前に広がる土地との距離が立体化してくるように思えた。今まで平面上で考えていた自分と大地との関わりが、立体的な広がりをもって目の前に立ち現れてきたのだ。

自分のはじめての登山であり、ささやかな冒険ともいえる体験は、このような川歩きからはじまった。以来、釣れない釣りを繰り返しては、周辺の低山を登り歩いた。釣りへのあきらめは増しても、川への興味は薄れることがなく、同時期にカヌーを習いだし、低地へ向かって下ることへも情熱を燃やすことになった。

川の流れに沿った自分の旅は、今では山・川・海・空へと広がってフィールドを問わない。すべてが繫がっているということを、言葉の上ではなく身体的にとらえる試みは、いつしか自分の旅のスタイルとして定着するようになった。

世界は地図の上にあるのではなく、地図が世界の上にあるのだ。四角い紙の上にあらわされた世界の端と端は本当に繋がっている。森は息を吸い、海は常に動いている。そんな当たり前のことを教科書からは学べなかった。実感としてぼくがそれを自分の中にとりこめたのは、東京郊外を流れる一筋の川と出会ったからだったのだ。

今、この瞬間も川は流れている。たったそれだけのことを想うだけで、ぼくの心はほんの少しだけ軽くなるのだ。たったそれだけのことなのに。

一歩

開聞岳

話は、ぼくが青春18きっぷなどを使って、野宿しながら日本国内をまわっていた頃までさかのぼる。まだ高校生だったので、今から一〇年弱くらい前になるだろうか。一ヵ月間のインドの旅を終えて日本に帰国したばかりで、学校という小さな束縛を屁《へ》とも感じず、視線の先にはいつももっと大きな世界があった。

ほかの多くの青年たちと同様、お金はなかったが時間とやりたいことだけは山ほどあり、暇さえあれば、ここではないどこかへ行こうと思っていた。今と変わらないと言われればそうかもしれないが、触れる世界の新鮮さは現在の比ではない。多くの本を読み漁《あさ》り、まだ見ぬ土地へ憧れていた一〇代後半の自分にとって、当時の目下の課題であった受験勉強は苦痛をとおりこして、意味のないルーティンワークにしか思えなかった。押しつけられるレールを馬鹿にしながらも、何の迷いもなくレールの先へ突き進んでいく同級生たちに一抹の寂しさを感じたこともあった。そんなことをぐずぐず考えていれば、中途半端な結果に終わるのはごく当然のことで、ぼくは自然な成り行きそのままに浪人生活に入ったのだった。いや、大学に入るという目標さえ定かではなかったのだから、高校を卒業して単にフリーターになったといったほうが正しいのかもしれない。

中学生のころにはじめて出会い今も親交のあるカヌーイスト野田知佑《のだともすけ》さんの家に、高校卒業を報告する電話をいれると「鹿児島へ来い」と誘われた。そのころのぼくはもしかしたら旅に出る口実を探していたのかもしれない。一も二もなく返事をし、考えるより先に電車に飛び乗っていた。移動は青春18きっぷしか考えられなかったので、二三時間以上も電車に揺られ、さすがに尻《しり》も痛くなって、気分も優れなくなった頃、かくも長い時間を経てとうとうぼくは鹿児島入りを果たす。

まずは腹ごしらえだ。冷たい駅弁にはうんざりしていたので、何か温かいものが食べたかった。近くの小さな書店で立ち読みしたガイドブックによると、鹿児島のラーメンというのは全国的にみてもレベルが高いらしい。評判のいいラーメン屋を突き止めて、きれいに透き通った汁のラーメンを注文し、ぼくは思いっきり腹の中へすすりこんだ。食べ物というのは不思議なもので、うまかろうがまずかろうが、そのとき自分が置かれた状況によって味が極端に変化する。ちびちびとナンばかり食べていたアフガニスタンで突如チキンスープに出会うと、たとえそれが脂ぎって味が薄くても美味しく感じるし、最高級の料亭で食べる御膳《ごぜん》も気の合わない人と一緒に食べればそんなに美味くは感じない。鹿児島で食べたラーメンはそのすべての条件がプラスに作用し、実に幸福な味だった。

列車に揺られるのはもう飽き飽きしていたので、とにかく自分の足を使って歩きたかった。勢い勇んで野田さんと約束した日よりも大幅に早く来てしまったこともあって、駅前で教えてもらった開聞岳《かいもんだけ》という山にでも登ってみようと思った。数人の乗客がいるだけのローカルバスに乗って、柔らかい午後の陽射しを浴びる。まだ、春にならんとする季節だったが、外は初夏の暖かさだった。バス停で降りたのは自分一人で、草いきれを存分に身体へとりこみながら、今にも走り出したい気持ちだった。木々の間を抜け、ぐるぐるとまわる登山道を登っていくと、やがて木漏れ日が途切れる場所にでて、海が見えた。

野田さんと待ち合わせをした磯《いそ》海水浴場はどこだろう。遠くに見えるのは屋久島だろうか。海と空を交互に眺めながら、そのときようやく旅がはじまった気がした。学校や家庭の窮屈《きゅうくつ》だが安心できる庇護《ひご》を離れ、一人の自分として生きなくてはならない本来の世界への小さな一歩を踏み出した瞬間だった。

スウェットロッジ　　サンタフェ

アラスカを除けば、アメリカという広大な土地のなかでぼくが最も惹かれるのは、ニューメキシコ州サンタフェ郊外の丘陵地だ。小高い丘が連なったその場所にたどりつくと、いつのまにかペトログリフが刻まれた大きな岩たちに四方を囲まれる。岩刻画とも呼ばれるそのイメージや記号は、何世代も前にこの地を生きていた人々が、その時その場所で抱いていた限りない想いを岩に刻みつけたものだ。日暮れ時、太陽の光が斜めから射すほんの一瞬、ペトログリフは時間を超えて自ら発光するかのように眼前にくっきりと浮かび上がる。

ペトログリフに触れた晩、丘の麓にテントがたてられ、地元の先住民によって「スウェットロッジ」が行なわれた。テントのなかにはいくつもの焼けた石がもちこまれ、入り口を閉めて真《ま》っ暗闇《くらやみ》の中で石に水をかけていく。やがて、テント内は目も開けられないほどの蒸気に包まれ、強烈なサウナとなって意識を朦朧《もうろう》とさせる。狭く窮屈な闇の中で人々は今の自分の気持ちをシェアし、祈る。声にならない声はまさに部族の太鼓。話し手と聞き手は一体化し、声が意識下に直接入り込んで、人々は一つになる。閉ざされた空間にいながら、ぼくたちは本当に自由だった。

闇の中でさまざまなイメージが喚起され、汗を吹き出しながらそこにいる者は自分の内面への旅に出る。極地は何も地の果てにだけあるのではないということをぼくはその闇の中で知った。人はイメージの中で旅をすることができる。

緑の山　コスタリカ

鬱蒼《うっそう》とした森のなかを歩くことに喜びを感じる。いや、単純に「喜び」という言葉では表現できないかもしれない。背筋を這《は》うようなざわめきが、ときに畏怖の念をともなった生命の躍動へと転じていく。

屋久島、南東アラスカ、コスタリカ、どれも湿気に満ちた色っぽい森ばかりで、ぼくはその奥へ入っていくことで湧《わ》き上がるような力をいつももらう。クライマーズ・ハイといわれるものがあるとすれば、それをもっとも得やすいのは天井を覆いつくさんとする深い森の中を黙々と歩いているときなのだ。森を破壊することによって文明を発展させてきた人間は、自然を元通りにすることはできないかもしれないが、振り返って今一度見つめ直すことはできる。

高山といえば急峻《きゅうしゅん》な岩山などを想像するけれど、中米コスタリカの最高峰であるセロ・チリポという山は、麓から山頂付近にいたるまで熱帯雨林が続き、標高三五〇〇メ

ートルを過ぎたあたりでようやく森が途切れる。雨や霧の日が多く、ようやく空の青さを実感することができたのは、全身ずぶ濡《ぬ》れになりながら幾日も歩き続けた後のことだった。Pole to Pole が中盤に差しかかった頃で、自転車でのせわしない移動の日々から脱出するつかの間の休息のつもりが、なかなかハードな山歩きになってしまった。

上部の森は山火事によって立ち枯れており、再生する森のプロセスの序章をそこで目の当たりにした。枯れた木々はやがて地面に吸いこまれ、太陽の力を存分に取り込みながら、新しい種子がここに根を張ることになるだろう。そしてまた深い森が再生されていく。

中東などの砂漠を旅しているときに、このような緑を何度恋しく思ったことだろう。人間以外の生命を身の回りにこれほど強く感じられる場所は、そう多くない。ぼくはセロ・チリポの頂上で地図を広げながら今歩いてきた森を眺め、その先に広がる大地とカリブ海に目を向けた。その寡黙な風景は何も象徴していない代わりに、沈澱《ちんでん》した記憶を静かに波立たせる。ぼくはこの風景をどこかで見たのだろうか。美しいものを懐かしいと思うのは太古の記憶と自分自身がどこかでつながっているからだろうか。

フジヤマ　富士山

家の棚にあった山に関する古い写真集を久々に眺めていたら、なんだか富士山へ行きたくなってしまった。ちょうど知り合いから「一緒に登ろう」と誘われていたこともあって、ある夏の暑い日、友人と一緒にぼくはふらりと富士山へ向かった。

富士山に登った回数はすでに一〇回を超えている。海外の比較的高い山へ行く前は必ずこの山に登って身体を慣らすし、はじめて〝冬山訓練〟なるものをしたのも富士山だった。冬に登ることの方が圧倒的に多く、人が多い夏は海外登山に向けて高所順応のためにやむをえず、という場合が多い。何時間も人のお尻を眺めながら歩くのは正直つらいからだ。

三つあるメインの登山道のうち比較的空いているのが須走《すばしり》口で、ぼくはたいがいこの入り口を利用する。夜のあいだに須走口に到着し、明け方まで仮眠をとってから登り始める。その夜は濃霧で、町の明かりさえおぼろげにしか見えなかった。五合目まで車が入り込み、一時はごみの山と化したとはいえ、古くから信仰の山として存在していただけあって、何度登りに来てもそのたびに畏怖の念を抱く。風がひっきりなしに通り抜ける登山道入り口の茶店に寝袋を敷いて、朝を待った。

午前四時、コーヒーを飲み、出発。須走口は、森を抜け、砂地を歩き、岩場を登る比較的変化があるルートだ。六合目を過ぎたあたりから、濃い霧は雨へと変化し、時折、雹《ひょう》となって体を叩《たた》いていく。やがて濛々《もうもう》と飛沫をあげる荒れ海のような雨風へと変化した。夏の富士山は山登りの側面から見るとまったく面白みに欠けるのだが、こうして体中びしょ濡れになり、靴もドロドロになって苦行のように登ると案外楽しい。どうもぼくは普段の身体感覚とは違うものにぶちあたると、たとえそれが少々つらくとも気分が高揚していくようだ。今回あらためてそのことを実感した。

強風によろけ、両頬《ほお》を水のつぶてに何回もはじかれながら、見慣れた頂上に着いた。山と縁のない同行者は「手鼻をかもうとしたら、風と雨が流してくれたよ」と、力なく笑い、山小屋の畳の上で疲れ果てた顔をしながら豚汁をすすっている。確かに涙も鼻水もヨダレも一気に流れていくほどのひどい雨だった。

山小屋でしばし寛《くつろ》ぎ、再び激しい嵐《あらし》の中を下山する。「砂走り」と呼ばれる下山道は、その名のとおり火山灰質の砂が堆積していて、スポンジのような地面に足首まで埋もれながら駆け下りることができる。下山道を行く途中、数組の外国人のパーティーと出会

った。今や富士山にいる登山客の数パーセントは外国人であるらしい。彼らと一緒に、しかも砂走りのような奇妙な環境の中を歩いていると、まさにフジヤマワールドへ迷い込んだかのような気になってくる。

木々の生えているあたりまで下りて休憩をし、後ろを振り返ると、頂上付近の嵐が嘘のように太陽が顔を出し始めた。冷えた身体に心地よい光を浴びながら、目を細めて逆光の富士山を眺める。宗教学者のミルチャ・エリアーデはかつて、天上・地上・地下を結ぶ宇宙の中心的シンボルを「宇宙軸」と呼んだ。縄文の昔から仰ぎ見られてきたこの山は、周辺の人々にとってまさに「宇宙軸」であり、世界の中心でもあったのだ。

湿り気の残る森を下り、出発した須走口に戻ってきた。まだ一日も経っていないのに、長い長い時間を過ごし、異質な世界から帰ってきたような感覚がある。その奇妙な虚脱感は、長期のテント生活を終えて日本に帰還したときに得られるものとよく似ている。

ストックも持たず、調子に乗って砂走りを弾丸のように駆け下りたので、片方のひざがいうことをきかなくなっている。一緒にいた友人には強がりを言いつつ、帰り道、箱根の温泉に浸《つ》かってゆっくりと体中をほぐすと、ことのほか身体が喜んだ。退屈な日常に飽きた人は富士山に登ってみるといい。疲れて足が止まり、空を仰ぎ見ながら深く強く呼吸していると、本来の自然と人間の関係が浮き彫りになるからだ。富士山は短い時間のあいだに〝生きる〟という体験ができる稀有《けう》な山である。

風　チョモランマ

チョモランマへ向かうため、日本を発《た》ったのは去年の三月末、ちょうど桜が咲き始めた頃だった。季節はめぐり、またあの季節がやってきた。ヒマラヤにも春が到来し、モンスーンがやってくるまでの二ヵ月のあいだ、空や風は束《つか》の間《ま》の休息をとるのだ。登山者の多くは天候の安定するこの時期を狙《ねら》って、山へと向かう。

春は旅立ちの季節というが、春一番とともにいっせいに開花しはじめる桜をみると、ぼくの心はことさら揺れる。チョモランマに出発しようとするあのときの疾走感と不安感がざわざわと胸によぎり、チョモランマの風景が脳裏をかすめるからだ。あれからちょうど一年の歳月が経った。ぼくは再びゆらめく桜の花びらを見上げていた。

もの悲しく響き渡るヤクの首につけられた鈴の音。カランコロンという乾いた金属音が、遠くで、またときに鼻先で音の蜃気楼《しんきろう》のように聞こえてくる。標高五二〇〇メートルのベースキャンプにつくられたテントの薄い膜の外には、長い毛を全身にまとい、角を生やした六七頭ものヤクがいた。目を覚ましても眠っていても鈴の音が頭から離れない。

ヤクは食料や装備を次のキャンプまで運んでくれる貴重な存在だった。ぼくらがいよいよ登山をはじめようとする頃、チベット人のヤク使いたちが拳ほどもある大きな鈴をヤクの首につけてどこからともなく現れた。荷物を運び出す前日にヤクたちに大量の干草が与えられ、その晩は澄んだ空気の中をいつにもまして鈴の音が響いていく。

夜中、トイレに行こうとテントの外にでると、不気味な点があちこちで光っていた。ヤクの眼だった。大きな角と長い毛足によって牛などよりもずっと大きく見える。近づくと体を起こす素振りをし、威嚇《いかく》するように首の鈴を鳴らす。突っ込んでこないかいつも心配しながら、足早にトイレに駆け込むのが日課となった。

六七頭のヤクがベースキャンプを去ると、ぼくらはいよいよ本格的な登山の開始を待つことになる。ヤクが上へと旅立っていくのと前後して、近くにあるロンブク寺院から僧侶《そうりょ》がやってきた。山の懐に入る前に「プージャー」という儀式を執り行なうのだ。

ぼくらのテントのすぐ横に石組みが置かれ、祭壇がつくられた。石の祭壇にそれぞれの登山用具が置かれ、供え物のようなお菓子などが並べられた。石組みの穴の中で線香が焚かれ、祭壇の前にシートを敷いて二人の僧が座し、ぼくらもその後ろに続いた。祭壇の背後にはチョモランマの威容が鮮やかに浮かび上がっている。その日は雲一つない快晴だった。

僧が祈りを唱えだし、登山をサポートしてくれるシェルパたちも続々と集まってきて腰を下ろしていく。登山の安全と成功を祈願するこの儀式はシェルパやぼくらにとって重要なものである。ぼくは神聖な峰に足を踏み入れる許しを乞《こ》い、自分がその懐にいられることについて感謝の意を伝えた。僧の祈りが空に散り、ぼくらの言葉もまた風に乗って流れていった。

僧の祈りが途切れたところで、シェルパの一人が祭壇から天空に向かって一本の木棒を掲げた。先端から延びる三本のひもには旗が隙間《すきま》無く結ばれており、シェルパの手によって三方に広げられた。タルチョだった。タルチョは経文が印刷された旗で赤緑黄青白の順でひもに結びつけられている。祭壇から三方に延びた鮮やかなタルチョが風になびき、ぼくの頭上を舞っている。宙を舞う鮮やかな布きれに視線ばかりでなく心も奪われていくのがわかる。タルチョは大地と空を結びつける扉のようにも思えた。僧の祈りが再び空に響く。タルチョを埋め尽くした経文は風を受けて無限の言葉を空に発し、後ろに構えるチョモランマは無言でそれらに耳を貸している。心と身体がヒマラヤの大気の中に溶け込んでいった。

儀式を終え、ぼくらが山への挨拶《あいさつ》を終える頃、ヤクたちは一二〇〇メートルほど高い次のキャンプにたどりついているだろう。こうしてぼくらはようやくチョモランマの玄関に足を踏み入れたのだ。

春の風に吹かれながら桜の木の下でチョモランマのことを想うと、山の入り口に立った希望と不安、妙な落ち着きと焦燥、気強さと心細さがないまぜになった神経の高ぶりが甦ってくる。ヤクの鈴の音を聞きたなびくタルチョを見つめながらあのときのぼくは異なった時間の流れを確かに感じていた。

宇宙

チョモランマ

標高八三〇〇メートルの最終キャンプを深夜一時に出発することになった。いよいよチョモランマの頂上に向かうと思うと、身体の芯《しん》がしびれるような不思議な感覚があった。武者震いみたいなものかもしれない。食欲なんて微塵《みじん》もないが、無理やりチョコレートと温めたゼリー状の栄養食品を口に押し込み、小さなテントのなかでもがくように、装備のパッキングをした。装備といっても、酸素ボンベと頂上で写真を撮るためのカメラ、予備の電池など、それくらいのものである。

一畳半くらいの広さしかない小さなテント内で、ダウンジャケットの上下を着てロールパンのようになり、ストーブを引っ張り出して最後のお湯と食料を胃に流し込んでいく。さらにバックパックに装備を詰めて、ヘッドランプを装着し、テント内で登山靴を履く。登山靴は防寒性を重視した二重構造になっている。薄い空気のなか、分厚いダウンジャケットを着ながらこの二重靴を履くのは案外大変な作業である。暗闇が広がるテントの外は、急斜面になっており、気温が猛烈に下がっている。テントの外に出たらつべこべ言わずにすぐに歩き出せる状態にしておかなくてはならない。従って、すべての用意は小さなテントのなかで行なうのだ。

テント内で靴を履き、バックパックを手に持った。バックパックのジッパーは少し開き、そこから酸素ボンベのゴムパイプがのぞいている。ゴムパイプの先にはマスクがつながっていて、ぼくの顔に直結する。

いよいよ最終のアタックに出る。ぼくは世界で一番高い峰に今から向かうのだ。はいつくばるようにしてテントの外に出ると、ひんやりとした大気を顔に感じた。稜線《りょうせん》へと続く斜面にはすでにヘッドランプの明かりがぽつぽつと見えている。灯籠流《とうろうなが》しみたいだ、と思った。川や海に流れ行く魂と同じように、ぼくらの魂は宙に向かう。揺らめき、かすかに上昇していくヘッドランプの明かりは頂上を夢みる登山者たちの想いをそのまま映しているようだった。

ヘッドランプの明かりを頼りにぼくらも斜面を登り始めた。もろい岩と抜け殻のような雪を踏みながら、一歩一歩ゆっくりと足を上げていく。やがて背丈以上ある大きな岩がいくつも出てきて、上からのびたロープをつかみながら、手足を使ってよじ登っていく。呼吸が乱れていくのを感じつつ、自分も灯籠の一つになっていることを考えた。自分を見失ったら、流れ行く魂のように帰れなくなってしまう。ぼくはときどき後ろを振り返りながら、自らの居場所を確認した。

鳥のさえずりも川のせせらぎも聞こえない。聞こえるのは自分の呼吸音と耳を覆うフードを通り越してやってくる風の音だけだ。不思議と疲れを感じなかった。いつもそうなのだが、頂上へ向かう日は身体が充足し、満たされているのだ。危険な場所を歩いているのに嬉しさが湧き上がってくるのだ。

ようやく長い登りが終わろうとしていた。イエローバンドと呼ばれる岩稜帯を越え、頂上ピラミッドへ向かう稜線にたどり着いた。ここで少しだけ休みをとった。時計の針は深夜四時前を示していた。天を見上げると無数の星が輝いていた。

ぼくはもともと夜が好きだった。山の高みから遠くの街の灯りを眺めていると、気持ちが解放され、広々としていくのを感じる。チョモランマの稜線から街の灯りは見えないが、空にはそれをはるかにしのぐ光群が瞬いている。こんなにも一つ一つの星が大きく輝いているのを見たのは生まれて初めてのことだった。標高八五〇〇メートル近いこの地点では、下界の鈍さがとり払われ、星との距離が近い。霞《かす》んだフィルターを外して、本物と向かい合っているような感覚があった。強光の星たちはこうも辛辣《しんらつ》な色を放つものなのか。

これらの星たちが人間に「宇宙」の存在を教え、同時にぼくたち自身の宇宙があることを教えてくれる。もし夜空に星がなかったら、世界も人の心ももっと荒《すさ》んだものになっていただろう。灯籠の行き着く先は自らの宇宙なのかもしれない。

ぼくは立ち上がって頂上を目指して歩き出した。ヘッドランプの明かりが弱くなってきたが、電池交換が面倒なのでそのままにしておいた。星明かりでも十分に足元を確認できる。ときどき上を見上げてみる。

正面にあるチョモランマの頂上ピラミッドを見つめながら、やがてその直下に立って頂きを仰ぐまでの時間、それは人生の幸福といってもいい。宇宙と対面し、発する光を全身に浴びて歩くこと。たとえそのすぐ先で滑落しようとも、この瞬間瞬間に確かに自分が存在していることが、ぼくにとって生きている喜びなのだと思った。二ヵ月におよぶ登山がもうすぐ終わろうとしていた。

あのころ　山形

年が明けたばかりのある寒い日、カメラを携えて山形県の銀山《ぎんざん》温泉に向かった。一年のうち温泉に行くことなど滅多にないのだが、アフガニスタンや冬のアラスカなど少々ハードな場所を旅した後だったので、数日間骨休みしようと思ったのだ。関東近郊だったら伊豆や箱根などベタな場所がいくつもあるのだが、そんなところではつまらない。考えたあげく、前から気になっていた銀山温泉に行くことにした。

銀山温泉は、一六〇〇年ごろに延沢《のべさわ》銀山の鉱夫が見つけたことをきっかけに発展した歴史ある温泉街で、映画『千《せん》と千尋《ちひろ》の神隠《かみかく》し』に出てくる湯屋《ゆや》のモデルのひとつと言われている。同じくスタジオジブリの作品である『おもひでぽろぽろ』では、山形県の紅《べに》花《ばな》農家が舞台になっていた。当時中学生だったぼくは青春18きっぷを使って野宿しながら日本を旅しており、映画に登場した仙山《せんざん》線の高瀬《たかせ》駅に立ち寄ったことがある。一夏のあいだ、紅花農家に住み込みで働けないものかと思い、無謀にも、ある紅花農家を突然訪ねたのだ。しかし、すっかり収穫が終わっていたのと、農家のおばあちゃんの話す方言がほとんど理解できなくて計画倒れに終わってしまった。おばあちゃんは見ず知らずのぼくに、穫れたてのトマトと牛乳を出し、縁側で一緒に食べてくれた。突然現れた妙な中学生に親切にしてくれたあの優しいおばあちゃんは元気だろうか。当時は（も？）思えば無謀な旅をしていた。

以来、山形とは縁があって、羽黒山《はぐろさん》で山伏《やまぶし》修行に参加したり、最上川《もがみがわ》をカヌーで下ったり、日本海の飛島《とびしま》に渡って魚を突いたこともあった。ぼくにとって山形県はなんとなく身近でしっくりくる土地のひとつなのだ。

そんな経緯もあって、今回も自然と山形に足が向いた。東京駅から乗った新幹線の自由席はすぐに埋まってしまい、通路に座りこんで揺れていると、中学生のころにもどったような懐かしい気分だった。もちろん、あのころは新幹線にも乗れず、のんびりした各駅停車に揺られていたのだけれど。

尾花沢《おばなざわ》に到着したのはどか雪が降った次の日で、町のあちこちに屋根に登って雪かきをしている人たちがいた。道ばたには雪をかぶった南天の赤い実がわずかに顔を出し、最上川の両岸は深い雪で覆われて足跡ひとつついていなかった。

路線バスが凍った道をゆっくり走りながら銀山温泉へと向かう。窓が急に曇ってきたかと思うと、やがて外に大粒の雪が舞い始めた。路線バスの終点、そこが山峡の湯の町、銀山温泉の入り口だった。バスを降りて、曲がりくねった道路を滑らないように下っていくと、静かに流れる銀山川が視界に入り、その先には大正時代の面影を残す三層、四層の木造旅館が当時の風情そのままに軒を連ねている。時間が止まったようだ、といえば陳腐な表現になってしまうが、まさにそんな言葉が真っ先に頭に浮かんでくる。夜になって旅館に明かりがともると、その風情はことさら濃厚になる。ぼくは浴衣を着て温泉のはしごをしながら、疲れた体を徐々に癒《いや》していった。

明くる日、散歩がてら、銀鉱洞跡へ向かう遊歩道を歩いた。道は完全に凍っており、高さ二二メートルある白銀《しろがね》の滝までは踏み跡がついているのだが、その先に足跡はない。途端に遊び心をくすぐられて、太股《ふともも》までの積雪があったものの、山道を登ることに決めた（あとから冬季は立ち入り禁止だったことを知る……）。こんなこともあろうかと旅館で長靴を借りていたが、着ているものはフリースにチノパンという軽装備。なんとかなるだろうと、ひとりで雪をかき分けながら歩いていくと、やはりチノパンに雪が染みてきてしまった。一度濡れてしまうと、なんだかやぶれかぶれになって雪に埋もれながら進むことにもはや喜びさえ感じてくる。

中学三年のとき、はじめてひとりで冬の奥多摩の山へ行ったときのことを思い出した。あのときは冬山について何もわからず、運動靴にスーパーのビニール袋を巻き付けて登っていたのだ。何度も転倒し、空腹に耐えつつも、楽しくて仕方なかった。不安が一転して喜びに変わる瞬間があるから、ひとり旅はやめられない。

再び雪が降り始めた。あたりはいつしか杉林に変わり、重く湿った雪が枝に積もって大きくたわんでいる。耳を澄ますと、洗心峡《せんしんきょう》に流れる銀山川のせせらぎが聞こえる。雪まみれになったまま旅館に戻ると、あのとき出会った紅花農家のおばあちゃんのように女将《おかみ》さんがお汁粉をつくって待っていてくれた。頂上に立つわけでもなく、どこかを横断することもない。急がず何の目的もない、そんな旅もたまにはいいものだ。

帰りは各駅停車の列車に乗って家まで帰った。なんだか急に世界が大きくなった気がした。子どものころ、目の前に広がっていた限りない世界を思い出した。

Ⅲ 極地

オーロラ　アラスカ

春が間近に迫ったある日、ぼくはアラスカへと旅立った。最初の目的地はタルキートナ。北米最高峰デナリの麓にある小さな村だ。ぼくは以前デナリを登りに来た際、この村に滞在していたことがある。一九九七年のことだった。

それから六年の月日が経っていたが、村は何も変わっていなかった。地面は雪というよりは固い氷に閉ざされていて、宿の前をほんの少し歩くときでさえ、滑って転ばないように足元に注意を払う必要があった。

村の中心部にある一軒のレストランには、冬のデナリで亡くなった冒険家・植村直己《うえむらなおみ》さんの写真が飾られている。その店の大きなハンバーガーを食べた後、植村さんはセスナに乗って、厳冬期のアラスカンジャイアントへ向かったのだ。そして登頂に成功後、行方不明になった。原因についてはさまざまな説があるが、ぼくは頂上直下のデナリパスに吹き荒れる強風が鍵《かぎ》を握っていると思う。植村さんはその風に吹き飛ばされてしまったのではないか。

壁にあった写真は、セスナの中で植村さんが屈託のない笑顔を浮かべているものだった。彼の笑顔は出会った者の心を一瞬にしてひらいてしまう魅力がある。彼こそ究極の旅人であり、最後の冒険家でもあった。ぼくは今でもそう思う。


今回の旅ではデナリを囲むように広がるルース氷河へ向かい、そこに一軒だけぽつりと建っている山小屋へ滞在する計画を立てていた。その山小屋はブッシュパイロットのドン・シェルダンが所有しており、動物写真家の星野道夫《ほしのみちお》さんがオーロラ撮影のために長く滞在していたこともある。今回は知人の紹介でその小屋に予約を入れていたのだ。

ルース氷河までは定期便などがないため、セスナをチャーターするしかない。しかし、この時期山の天候は変わりやすく、少しの風の変化で欠航することも多かった。ぼくがタルキートナに着いてから数日間は、案の定予定通りにセスナが飛んでくれず、足止めをくうことになった。

セスナが飛ぶまでのあいだ、ぼくは宿から車で数十分のところにある川や森などに行って、冷たいアラスカの空気を身体中で感じながら天候が安定するのを待っていた。近くの蛇行した川は結氷しており、ひとりくらいだったらその上を歩いても割れる気配はない。遠くにはデナリとその弟分のようなフォーレイカーの頂が見え、澄んだ空気がことさら解放感を煽《あお》っていた。

その日の夜、宿を抜け出して、再び川原へと向かった。夜になって雲が出始めていたが、もしかしたらオーロラが見えるかもしれない。ありったけの衣類を着こんで、小走りで道を急いだ。大学一年のときにユーコン川のほとりで見たオーロラが、目の前にちらつく。あの光景はいつのまにか自分の心象風景になっていた。

ヘッドランプを装着し、道路の終点から、車の入れない小さなトレイルを歩いていく。まわりには背の高いスプルースの森が広がり、そこを抜ければ、凍った川のそばに出る。はやる気持ちを抑え、雪をしっかりと踏みしめながら歩き、視界が広がったところで、我慢できずにヘッドランプの明かりを消した。

頭の上の空を見ると、淡い光の筋が微妙な曲線を描いている。雲、ではない。オーロラだ。しかし、カーテンのようにくっきりと見えているわけではなく、淡い粉のようであり、まわりの闇に飲み込まれそうでもあった。微かに動き、そして揺れる。眼が闇に慣れてくると、ほんのうっすらとデナリのシルエットが見えてきた。ほぼ新月に近いその日、本来なら見えないデナリが、オーロラと星たちの淡い光によって浮かび上がったのだ。あたりを包む静寂と、か弱い光を前にして、ぼくの身体は静かに充足していった。

地球でいちばん明るいオーロラが見られる場所は、北半球ではアラスカのフェアバンクス近郊か、南半球では南極の昭和基地あたりだと言われている。フェアバンクス近郊は、北極を取り巻く磁気層の真下に位置しているため、ときにこの輪が大きくなり、南のアンカレジ付近にいたるまで広く観測できるという。タルキートナはその磁気層の真下にあるのだ。

過去、オーロラは不気味な存在として畏怖の念とともに人々に迎えられてきたが、現代においては人の心を魅了してやまない光の帯となった。オーロラを見ていると、アラスカを巡るさまざまな人々の顔が思い浮かぶのだ。この厳しい自然のすぐ裏に潜む優しさ、そこに人を惹きつける力があるのだと思う。

やがて、弱光は空全体に広がり始め、レモンジュースのような淡い光を滲《にじ》み出しながら夜空を覆った。それはもうオーロラの範疇《はんちゅう》を超えている。光に満たされた宇宙がそこにあった。

周極星　グリーンランド

グリーンランドの首都・ヌークの街にある唯一の書店に入った。本を買おうと店員に英語で話しかけると、彼は怪訝《けげん》な顔をする。ぼくは「またか」と思った。店員はぼくのことを先住民のイヌイットだと思っているのだ。ぼくはグリーンランドにやってきて一週間、初対面でぼくのことを外国人だと認識した人はひとりもいなかった。

グリーンランドは現在デンマーク領に属しているものの、一〇世紀に白人が入植してくるまで、アジアからベーリング海を越えてやってきた先住民のみが暮らす静かな土地だった。世界一大きな島で、人口は五万三〇〇〇人、首都であるヌークにはそのうち一万三〇〇〇人が暮らしている。

地図で見れば一目瞭然《りょうぜん》だが、グリーンランドはデンマークよりもカナダに近い。グリーンランドに住むイヌイットの祖先はアジアからベーリング海を経由してカナダのバフィン島から渡ってきたと言われており、日本でよく見かけるような顔立ちもそこかしこで見かける。かの冒険家、植村直己さんがイヌゾリ習得のためグリーンランドに滞在した際、「ジャパニーズエスキモー」と呼ばれてすぐに現地社会に溶け込めたのは外見の差異が少なかったことも理由にあげられるだろう。隔絶された土地ではあるが、現在日本に住んでいる人々との共通点は驚くほど多い。

グリーンランドと聞いて、その土地の様子を具体的に思い浮かべられる人はまずいないのではないだろうか。たとえ、イメージできたとしても、それは地図上の真っ白な空白から想起する氷の大地くらいかもしれない。しかし、北極圏にまたがる広大なグリーンランドも夏になれば、雪が溶け、緑が顔を出し始める。あたりには強い風に揺さぶられながらタンポポが咲き乱れ、空のブルーとイエローのコントラストがまぶしい。

先住民文化が色濃く残る北部に比べると、ヌークは多くの面で都会化されていた。スーパーには生活に必要なすべての物が並び、旅行会社、スポーツ用品店、スーパーなどが軒を連ね、この街で手に入らないものはない。中心部には、北欧デザインを代表する電化製品メーカー、バング&オルフセンの支店もあり、ヨーロッパの小さな都市として十分に機能するだけの街並みがある。

その一方、北部などの厳しい自然の中で半ば自給自足の生活をおくっていた者が、ヌークという都会にやってくるとアイデンティティを見出《みいだ》せずに苦しむことになる。カヤックに乗って鯨に銛《もり》を打ち、猟に出てアザラシを仕留めて日々の糧を得ていたのに、スーパーには切り身になったアザラシの肉が売られ、カヤックはレクリエーションの一部になりつつある。北部の小村からやってきたイヌイットの男性は「店で売っているアザラシの肉は味が落ちる」と言って、決して手を伸ばそうとしない。GPSをもち、スノーモービルで狩りをすれば効率はあがるが、五感は鈍化する。それは、すなわち自然の中で生きるための力が衰えていくことを意味している。

ヌークの街で感じるのは、小規模な集落ごとに生活していた大地を西欧近代が分断してしまったことによる戸惑いだ。彼らが選択したこれらの生き方は、時代の流れにあわせて新しい文化をつくり出していくことになるだろう。少なくともぼくはそのように前向きにとらえようとしている。

ここ数百年のうちに貼《は》られた「辺境」というレッテルが先行するグリーンランドだが、これは中央にいると思いこんでいるぼくたちから見たときにしかあてはまらない。グローバリゼーションの波が確実に押し寄せつつも、自然と共に生きる伝統的な知恵もまた細々と受け継がれている。そこに自分がもっていない野性を垣間見《かいまみ》たとき、ぼくは彼らに畏敬の念を覚え、立ち止まって自らの生活を省みることになる。

北極星の近くにあって、地平線の下に決して沈まない星々のことを周極星と呼び、極北の夜空はほとんどそれらの星で埋め尽くされている。周極星は方位を知るための指針として、古来から重要な役割を果たしてきた。このグリーンランドをはじめとするアラ

スカやカナダの北極圏は、ぼくにとっての周極星であり、ぶれない指針である。「辺境」と呼ばれる地に身を置いて自分の位置をあらためて確認すると、今まで見えなかったものが見えてくる。迷ったときには空を見ればいい。そこには必ずいくつかの周極星を見ることができるのだから。

サンドッグ　グリーンランド

北極圏では、サンドッグと呼ばれる丸い虹《にじ》が姿をあらわす。ぼくがはじめてサンドッグを見たのは、カナダのレゾリュートという極北の村のさらに北、北極圏に近い氷の上だった。その日は、日中に太陽が強く輝き、気温はマイナス一〇度ほどまで上がっていた。クロスカントリースキーでの移動では二時間おきに休憩をとる。そのたびにストックを雪面に突きさして、スキーをつけたまま自分が引いてきたソリの上に座った。

ソリの上に寝そべって仰向けになると、頭上に妙な光景が見える。太陽の周りを囲むように描かれた丸い虹。目を細めてしばらく眺めていると、その丸い虹が三個に増えた。太陽を囲んだサンドッグの両隣に新たなサンドッグが浮かび上がり、三つの丸い虹が並んだのだ。行動食を食べるのも忘れて、ぼくはサンドッグを眺め続けた。スキーでの移動を再開した後も、上空をちらほら見ながら歩いた。何度目かに見上げたとき、三つのサンドッグの姿はいつのまにか消えていた。

あのときの強烈な印象を瞼に焼き付けつつ、再びサンドッグと出会ったのはグリーンランドの中部・カンゲルルススアークという町の郊外だった。雪解け水でできた濁流の川原で、何万年もの時間が詰まった丸い氷をぼくは探していた。崩れた氷河のかけらが川の水に溶けてまん丸になり、拳ほどの大きさに削られながら時おり流れ着くのだ。すぐに溶けてしまうので持ち帰ることはできないが、地球の時間の一端に触れてみたかった。

氷球を探しながら川原を歩き、ふとした瞬間に空を見上げると、あのときと同じようなサンドッグが空にかかっていた。虹の光が川原の青い氷を照らし、あたりは輝きに満ちている。小さな氷球を見つけ、手のひらにのせるとそれはすぐに溶けてしまった。長い長い地球の時間のかけらは、ぼくの手のひらですぐに溶けてしまったのだ。

旅の酒　北極・南極

旅先では、生きるためにそこにあるものをただひたすら食べる。特に〃極地〃と言われる場所では、寒さから身を守るためにカロリーをどんどん消費し、それに追いつこうと一日五回の食事を摂《と》ったり、或いは高山病の影響で食欲がまったくないにもかかわらず、ふやけたインスタントラーメンを無理やり口に運ぶこともままある。そこは食べることと生きることが直結した世界であり、動物としての人間がもつ野性をぼくは否応《いやおう》なく呼び起こされる。

厳しい環境において、自分のなかで「食べる」ことが動物の世界へ近づく行為であるとしたら、「飲む」ことは、自分を安心できる日常へ呼び戻してくれる行為だといえるだろう。生死を賭《か》けざるをえない場所では、酩酊《めいてい》の快楽を求める余裕はない。身体がねじれるような厳しい状況を切り抜ける直前直後にだけ、人は酒を飲む幸せを心から求めるのだと思う。少なくともぼくの場合はそうだった。

つきあい程度にしか飲まない自分でも、今までの旅を振り返ればいくつか酒にまつわる記憶がよみがえってくる。長旅の最中に出会ったメキシコのテキーラ、アルゼンチンで肉と一緒に流し込んだワイン、チョモランマのベースキャンプに作られた即席バーで出された中国ビール、アリが何匹も浮いているミクロネシアのヤシ酒、鹿児島で日々飲んだ焼酎《しょうちゅう》のお茶割りなどなど、正直に言うと酒の味はどうでもよくて、どこで誰とどんな風に飲んだかが自分の中では重要なのだ。

今回は北極と南極で飲んだ酒の話をしよう。

Pole to Pole の旅で、各国の仲間たちと一年弱の月日をかけて北から南へと向かっていたときのことだ。最初の一ヵ月間、地球のてっぺんに近い北磁極からカナダのレゾリュートまでぼくたちはスキーを使って歩きながらひたすら南下していた。北極では、朝食にオートミールを吐く寸前まで、夜はご飯とマッシュポテトを日替わりで黙々と食べ続けた。水を入れて火にかければ出来上がるという簡易さと、素材そのものの軽さ、まぜたバターなどを混ぜてある程度のカロリーを確保できるという三つのシンプルな理由によって、それらの献立《こんだて》は選ばれていた。このことは同時に、味についてまったく考慮していないことを意味する。

ほんの数グラム単位で荷物の重さを減らさなくてはいけない旅では、酒などの嗜好品《しこうひん》を持ち込むゆとりがない。毎日ぼくらは時間を決めて寝起きし、歩き、食べ、排泄《はいせつ》した。日々視界のなかに入るものといえば、氷と空だけだった。そんな生活を一ヵ月間も続けていると、久しぶりに人工物と出会ったときには少々戸惑いを感じる。レゾリュートの町が現れ、遠くに家々の輪郭が見えたときの違和感は今でもはっきりと覚えている。白い大地の上に浮かび立つ鉄の固まりは何か別の世界のものに思えた。

レゾリュートに着いて一ヵ月ぶりにシャワーを浴び、町に一軒しかない小さな食堂で、人に作ってもらった料理を食べた。その数日後、ぼくらはカナダ北極圏を脱出し、ユーコン川沿いのドーソンという小さな町にたどり着いた。西部劇にでてくるような場末の酒場に入り、そこでおよそ二ヵ月ぶりに酒を口にしたのだった。その夜は、自分がようやく人間が住む世界へ戻ってこられたような気がした。生きることに精一杯だった北極から、人の営みによって成立する町へぼくたちは帰ってきたのだ。ビールを飲みながら、仲間はやがて饒舌《じようぜつ》になり、ある者は異性に声をかけ、またある者は田舎町によくあるような古くさいカントリーミュージックにあわせて踊った。酒に強くないぼくは顔を真っ赤にしながら、おそらく幸せな顔をしていたに違いない。ここでは明日のために氷を溶かして水を作り置きしたり、二重の分厚い寝袋に頭までくるまって眠る必要はないのだから。

ドーソンでの酔いの記憶は、Pole to Poleが終了した後に迎えた南極の白夜へと引き継がれていく。二〇〇一年の元旦、つまり新しい世紀がやってきたその日、ぼくは極点に立った。約一〇ヵ月かけて北極から北米、中米、南米と地球を縦断し、最終目的地だった南極点に到着したのだ。

南極点で年越しを迎えたわけだが、大晦日《おおみそか》や正月の風情といったものは、まったくなかった。ここにいたるまで荷物を満載したソリを引きながら、毎日一〇時間以上クロスカントリースキーで氷の上を歩き、なかにはつま先などに軽い凍傷を負っている者もいた。南極で吹雪《ふぶ》いたときには、目と口と鼻以外の部分を隠す目出し帽というマスクをかぶって行動するのだが、そんなものを装着していても冷たい風をほんの数分皮膚に受けるだけで、皮膚の表面が焼けて凍傷にかかってしまう。ぼくの左頬もまた軽い凍傷によって、あざができたように紫色になっていた。

南極点にはアムンゼン・スコット基地というアメリカの観測基地がある。基地の名はもちろんアムンゼンとスコットの南極点遠征に敬意を表して名づけられたものだが、彼らがその場所に到着した二〇世紀はじめと今の状況を比べると隔世の感がある。要塞《ようさい》のような基地の中は当然暖かく、食事には困らないわけだ。

ただし、南極点を訪ねた遠征隊がこの施設を使うことは許可されていない。シーズンになると、遠征隊や観光客がこのような地の果てに何人もやってくるので、いちいち相手をしていられないということだろう。基地の中で働いていた作業員はぼくらの顔を見るなり、「また物好きな連中が来たな」という感じで一瞥《いちべつ》して、すぐに去っていった。

さびれた宇宙基地のように味気ないビルの合間に、傷《いた》んだテントを張った。三張りあるテントは、それぞれどこかが破れていて乱暴に補修してあり、骨組みは曲がって、ポールの節をとめるゴムは伸び過ぎて元にもどらなくなっていた。命を守ってくれた道具もまた自分たちと同じように満身創痍《まんしんそうい》の状態だった。南極点に到着した喜びは大きかったが、それ以上にぼくたちは温かいものを求めていた。

いつものように、そこらにある氷を溶かしてココアパウダーをいれたオートミールを作り、空腹を満たしながら年越しを待った。このときを含め、ここでぼくは三回の新年を祝うことになる。南極は世界で唯一どこの国にも属さない大陸であり、アムンゼン・スコット基地がアメリカ時間、ぼくたちはチリのプンタアレナス時間を使って毎日を過ごしていた。さらに自分たちの故郷の時間も考慮にいれながら、数時間ごとに新年を迎え、そのたびに仲間と抱き合って二一世紀の幕開けを祝った。

一月の南極では日の出や夜さえも感じられない。南半球なので季節が日本とは逆で、一二月から二月が南極の夏となり、この間は一日中太陽が落ちない白夜が続くからだ。白夜はまだ耐えることができるが、光のない冬の南極を想像するとため息がでる。この氷の大地から光を消し去ったら何も残らなくなってしまう。

華やかさはなかったが、美しい元旦を南極点で迎え、ぼくたちは飛行機に乗ってベースキャンプのあるパトリオットヒルズという場所まで戻った。ベースキャンプも当然氷に覆われてはいるが、極点ほど気温は低くない。天候待ちの登山隊やら酔狂な観光客やらで、新年を迎えたベースキャンプは案の定異様な賑わいを見せていた。

ヨーロッパの人々はお祭り好きが多く、元旦ともなると、なかば半狂乱の大騒ぎになる。「おれは南極で新年を迎えているんだ！」という妙な興奮が高揚感を増し、マイナス三〇度という寒さの中、ワインやビールをラッパ飲みしながら、素っ裸になったりする。まさに暴挙そのものだ。みんな体力に自信がある屈強な男女ばかりなので、風が強くてもわざわざテントから這い出てきて、酔っ払いながら外で歌を歌い、踊る。この日のためにどこからか鳩を隠し持ってきていた男がおり、新年を迎えた氷の大地でその鳩を放しているのを見ながら、南極で無理やり放たれた鳩の身を案じないわけにはいかなかった。あの鳩は果たして南米や南アフリカまで飛んでいけただろうか。

やれやれと思いながら、ぼくはその輪を遠巻きに眺め、ここでもまた一ヵ月半ぶりの酒を飲んでいた。もう夜更けだというのに、あたりは燦々《さんさん》とした太陽に照らされている。南極という孤立した場所にいながら自分は孤独ではなかったし、もう明日の天候について考える必要もなかった。紙パックに入った安ワインが五臓六腑《ろっぷ》に染《し》み渡り、心地よく酔っ払っていく。満足に洗うことさえできなかった食器兼用のプラスチックカップではなく、透明なグラスで飲むワインは間違いなく自分にとって聖なる杯そのものだった。あらゆるものから自らを解放した、こんなにも凛《りん》として明るい夜がどこにあるだろう。

目を閉じると、地の果てまで走り続けてきた冷たい風を感じる。これからも世界を風のように旅し、自分を解き放つ一瞬の夜を迎えられればいい。地球を半周した後に光り輝く氷原で飲む酒は、どんな杯にも代え難い美酒だった。「チアーズ！」

シロクマ　北極

一対一で向かい合ったとき、恐怖というよりは、畏怖の念を抱かせる動物はそうそういない。ライオンやトラは何も考える間もなく襲いかかってくる。ゾウは近づかなければ興味を示すことはない。しかし、クマはどうだろう。クマと向かい合った人間は、その距離が遠くであれ、近くであれ、ある種の時間を感じることになる。それは「恐れ」というよりも「畏《おそ》れ」であり、身内だとは思わないが、まったく敵だとも思えない親近感が入り交じった妙な空気感でもある。サバンナの猛獣が問答無用、交信不能な存在であるなら、クマは話せばわかりあえるのではないか、と思わせる何かがあり、それは「死んだふり」をして見逃してもらうという現代のエピソードにも少なからず現れている。

どうしてぼくがそのようなことを考えるようになったかといえば、北極での体験が大きい。気温はマイナス三〇度前後で、ゴーグルに装着した顔を覆うマスクには、息が凍り付いてつららが垂れ下がっている。四メートルほどある巨大な氷を越え、ソリを引き上げると、下着の中で汗が滴り落ちるのを感じる。もちろんその汗はすぐに冷たくなって、休めば休むだけ身体を冷やしてしまう。乱氷のあいだを蛇行してすり抜けながら、歩きやすいルートを探し、やがてその乱氷帯を抜け、平坦な場所でテントを張る。仲間たちは、疲れて口数も少ない。そそくさと寝袋にくるまり、目を閉じると遠くで氷が割れる音が聞こえてきた。北極こそ、地球縦断 Pole to Pole という長い旅のはじまりの地だった。

極北の大地の厳しさに最初は身体を慣れさせるのに必死だったが、やがてそれらの寒さや疲労をも忘れる瞬間がやってくる。嬉しいわけでも、悲しいわけでもなく、ただただ時間が止まったような一瞬。身体が動かなくなって、頭が真っ白になっていく。それがシロクマとはじめて遭遇したときの忘れられない印象だった。

人間がシロクマになってしまったり、シロクマが人間になってしまう神話が、イヌイットの間で語り継がれていることはよく知られている。彼らにとってクマは身近な存在ではあるけれど、動物園でシロクマを見てかわいいと感じる気持ちや、愛嬌《あいきょう》のあるクマのぬいぐるみを抱いて眠る親近感とは、まったく別のものだ。

北極の広大な氷原の上で、遠くに白い生き物を見つけたとき、髪の毛が逆立つかのように全身鳥肌が立った。それまで毎日無機質な氷ばかり見てきた自分にとって、予測不能な動きをする動物の姿は新鮮だった。興奮した。しかし、ふと我に返ると、足が動かなくなっている。背を向けることすらできなかった。その大きな生物と自分のあいだに鉄のオリはなく、見渡しても隠れる場所はない。シロクマはあきらかにぼくたちの存在に気づいて、顔をこちらに向けて、じっと見つめていた。

イヌイットたちは、ときにクマと結婚し、兄弟や親子の関係を結んでしまうという類の神話をいくつももち、動物と人間が対等な立場にあることを感覚的に理解している。ぼくがそれらの神話の意味を、少しでも身近に感じられたのは、本当にシロクマと対峙《たいじ》してしまったときだ。

すぐに仲間の一人がソリからライフルを引っ張り出し、弾を入れて、構えた。シロクマが近寄ってくる。自分の背丈を越す生物が歩み寄ってくる。シロクマは時々立ち止まったかと思うと、後ろ足で立ち上がり、見渡すようにしてぼくたちの様子をうかがっている。

三〇メートルくらいまで近づいただろうか。そのとき、仲間が空に向けてライフルの引き金をひいた。冷たい空気を切り裂くような銃声が響いたとき、シロクマは一度のけぞってから背中を向けて逃げ出した。その驚き方はまるで人間そっくりだった。もしかしたらぼくにはそれがシロクマである、という意識さえなかったかもしれない。姿が見えなくなるまで、目で追い続け、しばらく立ち尽くした。だんだんと全身の力が抜けていくのがわかった。それ以降、ぼくは七頭のシロクマと出会った。

動物と人間が同じ目線をもち、お互い畏怖の念をもって向き合うことができる大地は、今や稀有な存在である。人間と動物が共に生きるということは、保護区を定めて人間の立ち入りを制限することではないし、都市に人工の森を作ることでもない。「はるか昔、人間と動物が同じ言葉を話していた」というイヌイットの神話は、おとぎ話ではなく、畏れるべき存在をもっていた本来の人間の思考から生まれたものだったのだ。

ぼくはシロクマと向かい合った瞬間の風景が忘れられない。それは単なる記憶の断片というよりは、今見えている世界が、世界のすべてではないということを思い出させてくれる大切な風景として時おりふっとよみがえることがある。

『世界最悪の旅』　南極

二〇〇一年の元旦、つまり新しい世紀がやってきたその日、ぼくは南極点にいた。Pole to Pole というプロジェクトに参加し、約一〇ヵ月かけて地球を縦断して最終目的地だった南極点に到着したのだ。

ぼくは左頰に凍傷を負い、手の先はいつもしびれ、足には大きな靴擦れやマメがいくつもできていた。南極大陸に入って約一ヵ月が経とうとしていた。

南極点にはアメリカの気象観測拠点であるアムンゼン・スコット基地がある。人間が生きていくには厳しすぎる環境にありながら、空調の効いた部屋の中で数百人の人々が働いていた。極点には赤と白のポールが立ち、その上にはサッカーボール大の銀色の球が乗せられている。そのまわりにはガラス片が飛び散ってきたような地吹雪にさらされながら、世界中の旗がはためいていた。

白い大地の上に浮かび立つ鉄の固まりは何か別の世界のものに思えた。今まで白い大地しか見てこなかったため、直線と直角でできた建物に妙なおさまりの悪さを感じた。たかだか一ヵ月間南極を歩き、あるべき場所であるべきものを見てそのような違和感を覚えたのだから、スコットたちが満身創痍で極点に到着し、アムンゼン隊が残した旗を見たときに受けたショックは大きすぎるほど大きいものだっただろう。ぼくたちが見た南極点の旗は歓迎の万国旗だったが、スコットたちが見た旗はその存在を拒む絶望の旗だったのだ。

南極点を後にして、ぼくたちは飛行機でベースキャンプがあるパトリオットヒルズという場所に戻った。ベースキャンプもまた白一色なのだが、南極点ほど気温は低くない。新年を迎えたベースキャンプには世界中から集まった酔狂な人々で異様な賑わいを見せていた。

パトリオットヒルズには人々が食堂に使う大テントやトイレ小屋のほかに、図書館の代わりとなる共同テントがある。そこには各国から南極へやってきた人々が天候待ちのあいだに暇つぶしに読み漁った本が、ぎっしりと並んでいる。英語をはじめ、フランス語やドイツ語、日本語の本もあった。実はその棚の一つに『世界最悪の旅』があったのだが、出発前にはあえて読まなかった。そんなタイトルの本を、旅が始まる前の不安な時期に読む気になどならなかったのだ。

南極点を踏んでプロジェクトが終わり、はじめてこの本を手にとってみることにした。

スコット隊の一員である筆者のチェリー・ガラードの文章は淡々としていて、クールだった。彼は本の中でこんなことを書いている。「南極探検は人々が想像するほどひどいことはめったにないものであるし、うわさほどに悪絶なこともまれである。しかしながらこの旅行はわれわれの文章のおよぶところではなかった。いかなることばもその恐ろしさを表現することはできない」。彼はその恐ろしさを無理して表現しようとはせず、事実を冷静に書き記した。そのことによって、『世界最悪の旅』は十二分に南極の恐ろしさを表現していた。

ぼくらが南極を旅したのは日本の冬だったが、季節が逆転する南極では、夏にあたる。夏のあいだ、南極は白夜で一日中日が沈むことはない。それでも気温がマイナス四〇度近くになることもあったし、仲間の一人は足の指先にひどい凍傷を負った。旅の最中、テントの中で冬の真っ暗な南極を旅することを想像しては皆でため息をついたものだ。「この氷の大地から光を消し去ったら何も残らない」と。

しかし、スコットはその冬の南極を旅している。その描写は苛烈《かれつ》で、生きる希望を失わなかったのが不思議なほどだった。それは世界最悪という形容にふさわしい究極の体験であるように思われた。

この本は南極点到達競争に負け、失意のまま倒れた冒険者を慰めるために編まれたのではない。「本当に大切なのは経験によってえたものを一つとして失ってはならないことである」と著者であるチェリー・ガラードが言うように、彼らは経験をシェアしようとしているのだ。すべての経験はストーリーとして受け継がれ、読み手の翻訳行為によってそれを生きるための知恵として取りこむ。書き残された言葉でその状況を想像し、頭の中で旅をし、考えられうる限りの厳しい行軍が存在したことを知り、ぼくたちは今この瞬間に南極の存在を想うことができるのだ。

その理由は今生きている二一世紀という時代と密接に関係している。衛星写真によって地球は隅々まで観察され、科学技術の進歩と反比例に未知の場所がこの地球上にほとんどなくなってしまった。現代において地理的な探検はもう不可能になっているといっていい。

スコットやアムンゼン、シャクルトンなどが生きた二〇世紀のはじめには、その先に何があるか、どうなっているのかわからない場所が世の中に数多く存在していた。そこへいたる道のりは常に冒険に満ちていて、それはそのまま探検でもあった。

ぼくはチョモランマの頂上に立ち、北極や南極をスキーで旅したが、それは先人の足跡をたどっただけで、探検ではない。個人的な冒険ではあったが、冒険家とわざわざ呼ばれるのにふさわしい行為など何一つしていないのだ。

たとえ生命の危険を冒しても、人類がまだ到達していない地を目指して旅をしてみたいという願望はいつも心の中にもっている。アムンゼンやスコットに代表される二〇世紀の探検の記録を読んでいると心のざわつきをおさえることができなくなる。単にリスクを冒す「冒険」ではなく、未知に挑む「探検」をしたい。そう思って、旅の行き先を考えるのだが、そこには常に踏み跡が残されていた。現代の探検の行き着く先は、もしかしたらもう宇宙しかないのかもしれない。

極地では烈風にさらされると手がしびれて感覚がなくなる。痛みはなく、指先を押しても引っ張っても何も感じないのだ。毎朝オートミールを吐きそうになるまで食べ、風呂《ふろ》には入れず、トイレに行くのにも苦労を要する。凍傷を受けた皮膚は黒ずみ、下手をすれば切断しなくてはならなくなる。突風でテントが飛ばされれば死を意味するし、吹雪でホワイトアウトになれば遭難するかもしれない。そんなことを話すと、多くの人は言うものだ。「何でそんなに苦労をしながら旅をするの？」と。でも、そのようなことを尋ねてくる人はほっといて、ぼくはいつも一人で旅にでる。何かを見たい、感じたいと思ったら迷わずに足を踏み出すこと。それをぼくは先人の言葉から学び、旅に出た彼らの行動を一つの指針としている。チェリー・ガラードも本書の中で書いているが、「報われるところがかならずある」だろう。

実際に体験し身体に記憶を刻みつけることは、自然に対する人間の驕《おご》りを取り払う最も明快な方法ではないか。実感することを重要視しなくなった現代において、この旅の記録は貴重だ。未知への好奇心を失いかけたり、最悪の状況に自分が置かれたと思ったら、これらのページをめくってみるといい。この本は、苦境を生きぬくヒントに溢れている。

Ⅳ 都市

小さな世界　東京

飯田橋と九段下のあいだにある学校に一四年ものあいだ足繁《あししげ》く通った。ぼくがいたのは幼稚園から高校まで一貫教育の私立校で、生徒は男しかいない。一四年間で三回引っ越しを経験しているが、住む場所は変わっても向かう先は変わらなかった。もし故郷というものが自分の足で踏み固められた環境を指すなら、ぼくの場合は千代田区富士見界隈を故郷とするのがもっともふさわしいのかもしれない。

放課後に北の丸公園の芝生に寝転がって本を読んだ。所属していた陸上部の練習は、武道館のまわりをひたすら走ることだった。学年が一つあがった春先は、草笛を吹きながら桜舞う千鳥ヶ淵を歩いた。神保町まで足をのばして古本屋通いをし、あてもなく古書物の海を漂流した。神楽坂のゲームセンターで友人とピンボールのスコアを競った。最初で最後の喫煙は水道橋にある薄汚い喫茶店の中だった。市ヶ谷の釣り堀で竿を握りながら水面の浮きを眺め、たまに小ぶりの鯉《こい》を釣り上げては喜んだ。学校を中心とした半径数キロの小さな円が、自分にとっての「世界」そのものだった。

引っ越ししたいずれの自宅からも学校までは地下鉄を使って四〇分前後かかった。行き帰りの通学電車の中で見ず知らずの人々に埋もれ、移動した実感がないまま最寄り駅の階段を上がると、そこにはまた別の空間が広がっている。

家は近所づきあいがほとんどなかったし、学校が遠かったので近くに住んでいる同級生もいない。まわりに公園や裏山や空き地があるわけでもなく、住宅街や均等な路地が続いているだけだった。家に帰ってもすることがないのでいつも学校周辺で時間をつぶし、帰宅するのは日が暮れてからのことが多かった。

自分が考えていた世界が爆発的に広がったのは、高校二年の夏に一人でインドを訪れてからだ。あの混沌《こんとん》とした大陸をほっつき歩いたおかげで、帰国後は勉強など手につかなくなった。多様な世界を知り、教科書から得る机上の知識に興味を持てなくなり、違う土地をもっともっと歩きたいと思った。

その後、北極や南極に行きエベレストの頂上にも立った。世界中を歩き、さまざまな人と出会い、異文化の中に身を置いた。しかし、学校を中心とした徒歩圏が世界のすべてだった日々をぼくは忘れない。インドの路上にはじめて立った衝撃は、対極にこの小さな世界がなければ生まれなかった。

電車に乗って家を離れ、自分の意志で歩き回ることが旅ならば、ぼくのはじめての旅はすでに幼稚園の頃にはじまっていた。長いあいだ通い続けた場所がいつしか旅の目的地でなくなっても、無関係であることはできない。

一四年間、毎日のように歩いた通学路の途中に、『東京人』の編集部があるのを知ったのはつい先日のことだ。それぞれ違う場所を歩いていた人の道筋は、いつも何の前触れもなく重なりあう。こうして人は自分が旅した世界を再び広げていくのだろう。

新しい場所へ一歩を踏み出すための旅支度はいつでもできている。

身体
東京

ヨガをはじめた。正確に言えば、数年前に教えてもらっていたのだが、それを今になって再開したということになる。北極へ行く前に仲間たちとカナダでトレーニングをしていたとき、一日に何時間かヨガをする時間が設けられていた。後頭部で腕を組み、頭を支点にして逆立ちする倒立などを習ったのはそのときで、たった一時間程度のクラスを終えるといつも身体がぽかぽか温かくなったのを思い出す。

最近になってそのとき使っていたヨガマットを家の物置から引っ張り出してきた。そろそろ自分も自らの身体に意識的にならなくてはいけないと思った末の行動なのだが、今にいたるまでの身体とのつきあい、いわゆる自分の操体法《そうたいほう》について振り返ってみたい。

以前からヨガというよりは呼吸法に興味を持っていた。中学生の頃、映画『グラン・ブルー』を観て、海へ深く潜ることに執心したことがある。映画のモデルになったジャック・マイヨールは、潜る前にコンディションを整えるため、ヨガや座禅などをとりいれて精神統一し、海へ向かった。彼の独特の呼吸法は強く印象に残り、その手の本を読みあさって日々いくつかの呼吸法を試みては、風呂場で潜水時間を計っていた。想像すると滑稽《こっけい》だが、ぼくはあの小さな浴槽で体をかがめてぶくぶくと潜り続けていたのだ。

おかげで息を止めていられる時間は少しずつだったが伸び、それに応じて泳ぎも上達していった。ダイビング用の深いプールに通いもしたし、伊豆の海女さんに技を教えてもらいにいったこともある。当時はまだ噴火していなかった三宅島や、今ほど高速化していないフェリーに乗って小笠原の父島に数週間滞在し、イルカと泳いだりもした。

潜水の深度は九メートルくらいのところで頭打ちとなり、高校卒業の節目の時期とも重なって、深く潜ることへの興味は徐々に薄れていった。しかし、そのとき身につけた呼吸法は、これまでさまざまな場面で活躍している。基本的には腹式呼吸だが、場面に応じてリズムを変えることで、より疲れにくい身体になったと思う。それを確かめる術《すべ》はないので、もしかしたら自己満足にすぎないのかもしれないが、以降ぼくは標高が高い山などで意識した呼吸を行なうことによって無事に帰ってこられたと信じている。

チョモランマでは、同じ場所に一週間以上待機することがたびたびあり、ぼんやりしているうちに一日が過ぎていった。そんなときは、太陽の光を浴びて温室になったテント内で座禅を組み、瞑目《めいもく》する。寝起きと就寝前にも同じように意識して長い時間呼吸を行ない、身体を整えた。あの期間が、ぼくの人生の中でもっとも呼吸を意識した一ヵ月でもあった。

以来、操体や呼吸について深く意識しながら旅をする機会はほとんどなくなり、ぼくは自分の身体と密に対話する術をゆっくりと、しかし確実に忘れているように思う。

先日、春に公開される映画『緑玉紳士《りょくたましんし》』の栗田監督と恵比寿でお会いして話す機会があった。『緑玉紳士』はパペットアニメの力作で、主人公のグリーンピースが繰り広げる痛快な冒険アクション映画である。

数年かけて、登場キャラクターの人形や背景のジオラマ作り、コマ撮りから編集までをほぼ一人でやり抜いた栗田監督は、この作品に全精力を傾けすぎて、あっちの世界に行く寸前のところまでいったらしい。映画を観ればわかると思うけれど、ここまで滑らかな動き、細かいアクション、精度の高いディティールを描き出す力は、マニアックという言葉をとうに超えている。

で、冒頭のヨガである。監督は「自力整体」と呼ばれる操体法によって映画作りの合間に自分の身体と対話していた。外にいるか内にいるかの違いを除けば、孤独な作業という点で潜水も登山もパペットアニメ作りも一緒だ。監督を此岸《しがん》に引き留めさせた自力整体の話を聞いて、厳しい自然環境に身を置かずとも日常の中で意識して自分の身体とつきあう方法があるのだという当たり前のことを、ぼくは再確認させられた。さらに、ちょうど女性向けのヨガ雑誌の仕事をはじめたことも後押しして、家の奥に眠っていたヨガマットを引っ張り出すことを決めたというわけだ。

果たして猫背が治るほどに続けられるかはわからない。しかし、たとえ途中でやめてしまっても、自分の身体に意識的でいることだけは忘れたくないと思う。

反転　岐阜

先日ふたつの高校で講演を頼まれ、岐阜へ向かった。岐阜には思い入れのある長良川《ながらがわ》がある。高校生の頃、テントを背負って上流の郡上八幡《ぐじょうはちまん》から河口まで転々と歩いたり、海を目指してカヌーで下ったこともある。カヌーイストの野田知佑さんとはじめて出会ったのもこの川だった。長良川には高校時代のいろいろな思い出がつまっている。

今回の岐阜訪問では長良川再訪ももちろん楽しみにしていたが、もうひとつの目的があった。それは以前から行きたいと思っていた『養老天命反転地《ようろうてんめいはんてんち》』に立ち寄ることである。

養老天命反転地は、建築家の荒川修作《あらかわしゅうさく》氏がつくった庭園で、環境すべてが斜面によって形成されている他に類を見ない一種のテーマパークでもある。庭園内には「極限で似るものの家」「ものの あわれ変容器」「精緻《せいち》の棟」「白昼の混乱地帯」「地霊」「想像のへそ」「陥入膜の径《みち》」などという名の建築物が存在し、そのあいだには複雑な起伏と迷路のような回遊路が張りめぐらされている。

　ぼくが訪ねた日はちょうど夏の始まりで、じっとしていても汗が吹き出てくるほどの暑さだった。入り口には「動きやすい靴で入園してください」との但し書きがある。動きやすい靴で歩かなければ何かが起こる場所というのは大歓迎だ。日本は押しつけがましい親切が横行する過保護な土地だから、安全管理ばかりが優先されたおもちゃのような施設が多い。しかし、ここはその人自身の判断で上にも下にも行くことができる。入場者を子ども扱いしない施設は、好感がもてる。

　園内は起伏に富んでおり、道などはあってないようなものなので、一周するだけでも大変だ。なにしろ庭園内部の四分の一は通れなかったり、使用できないというのだから驚きである。それぞれの建築物は、たとえば低い壁が迷路のようになっているところにイスやキッチンなどが転がっていたり、部屋の一階部分がそのまま反転して天井にくっついていたり、壁や建物自体が妙な形にかたむいていたりと、あらゆるところにバランス感覚を崩すような仕掛けが施されている。

　これらの建築物の中で、普段は感じることのない重力をぼくは強く意識することになった。入場者は、自分の身体や五感を精一杯活用せざるをえない状況に追いやられていく。

　視界には通常見慣れた範囲というものがある。人間は自分の眼でモノを見ているのだから、自分の背丈の目線と平行にモノを見つめることが多い。しかし、この庭園は背丈の目線でモノを見る姿勢を拒絶する。ぼくは常に上下左右に視線を配り、自分が今どのような位置にあるのかを足の裏で確かめながら歩いた。ごく自然に視線が縦横に動き、身体がその地に反応していた。

荒川氏は庭園の入り口付近に養老天命反転地オフィスというものをつくっている。ここもまた斜面によって形成されたアンバランスな空間なのだが、彼はここを「オフィスとして」つくったという。

建物の歪《ゆが》みやモノを反転させることによって、今ある現実を覆す。そして庭園内に小さな日本のミニチュア（上空からの写真を見ると、庭園内にいくつかの日本地図があることがわかる）を置くことで、大きさの概念をも曖昧《あいまい》にしていく。直射日光に照らされながら、ぼくは靴底に熱を感じ、このような「反自然」はつまり「自然」そのものなのかもしれないと思い始めていた。現実の反転？　反自然？　この庭園の中には文字どおり天命を反転させるためのヒントがあらゆる場所に隠されていた。

祝祭　ニュージーランド

ニュージーランドにあるネイピアという海沿いの町で、冬のはじまりを告げる『マタリキ』と呼ばれるお祭りに参加した。

南半球のニュージーランドでは日本と季節が逆転し、日本の夏のはじまりが、彼らにとっては長い冬のはじまりとなる。マタリキとは日本語でいう〝すばる〟、つまりプレアデス星団のことを指し、五月末から六月にかけての新月の日にこの星が水平線上にあらわれて、冬の到来を告げる。その日がニュージーランドの先住民族であるマオリにとっての新年となり、次の新月までの約一ヵ月間、長く寒い冬に備えて作物の豊穣《ほうじょう》を願い、先祖に感謝しながら部族ごとにお祝いをするのだ。

一九五五年までの一〇〇年間、マオリ語の使用が禁止されるなど、ヨーロッパ人による同化政策によって、マオリは言葉や文化、伝統を徐々に奪われていった歴史をもっている。マタリキを祝う習慣もなくなりかけていたのだが、ここ二五年ほどは観光に力を入れる政府の政策や、英語とマオリ語、どちらの言語でも教育を受けられるような制度ができたことによって、マタリキの習慣も復活しつつあった。ぼくが訪ねたネイピアの周辺に住む部族のあいだで再びマタリキを復活させてイベントをしよう、という動きがでてきたのは、四年前のことだったという。

ネイピアの郊外にあるヘイスティングスのスタジアムでマタリキの一環である小さなイベントが行なわれた。観客席の目の前、スタジアムの中央には舞台が用意され、そこでショーが催される。最初にマオリのダンスと歌が披露されたものの、その後に続くのはポップ歌手やバンドの演奏ばかりで、精神性などとは無縁のエンターテイメントに近いものばかりだった。

会場の後ろには一〇機ほどの気球が並び、ショーの半ばになると一斉に立ち上げがはじまった。闇の中でバーナーの炎が音を立てて燃え上がる。気球が立ち上がった後、最後のメインイベントとして花火が派手に打ち上がるはずだった。が、火薬が湿ってしまって、スケジュールは大幅に遅れた。これがハワイアンタイムよろしく、マオリタイムとでもいうべきものだろう。

それでも人々は辛抱強く花火が上がるのを待ち、巨大扇風機を使って火薬を乾かした後、ようやく打ち上げがはじまった。花火といえば夏の風物詩だが、この島では、寒さをしのいで肩を寄せ合いながら見るものなのだ。

星よりも明るい人工の花火が夜空を彩り、普段は空など見上げない人々が一斉に夜空を見上げる。爆音と共に一瞬の火花が闇を照らし、その後ろには四〇〇年前のプレアデス星団の光がようやく地球に届こうとしていた。そこにある対照的な二つの光は、人間の時間と宇宙の時間を照射する鋭い矢のようにも思えてくる。花火がたとえ儚《はかな》い夢だとしても、数秒間だけ闇をかき消すことはできる。人間は果たして、一瞬の花火か、それともかき消される闇のどちらだろうか。

白い息を吐き出しながら、ぼくは冬の夜の夢を見ていたのかもしれない。

ストックホルム滞在記　二〇〇二年　スウェーデン

○月×日

ストックホルムの中心部から少し離れた住宅街のなかにあるアパートに今日から一週間滞在することになる。こちらでの生活を助けてくれるハンナさんという女性がいて、彼女の弟が住んでいる部屋を一時的に貸してもらえることになったのだ。

アパートは歴史のある古い建物で、子どもの頃に読んでいたリンドグレーンが描く物語の舞台そのものだった。部屋は五階にあり、階段と共に小さなエレベーターが併設されている。扉を閉め、さらに重たい鉄格子を横に閉めると、機械の歯車が嚙《か》み合うような金属音が響き、エレベーターが動き出す。人が二人入るのがやっとの小さな箱がゆっくりと持ち上げられていく感じだ。ぼくは乗った瞬間にこのエレベーターが気に入ってしまった。

部屋は2LDKで必要なものはすべて揃《そろ》っている。出窓がポイントで、ここから射し

こむ透きとおった光が、世界で一番美しいといわれるスウェーデンの短い夏を象徴しているかのようだ。

はじめて入る空間にこのような心地よさを感じるのはなぜだろう。限られた室内を快適な空間に作り上げるのは、日照時間が極めて短い冬をもつスウェーデンの人々にとって、当たり前のことなのだ。それが北欧をデザインで有名にした一つの理由かもしれない。

荷物を置いて、一段落した後、ハンナさんに案内されて街にでた。とりあえず今日明日に必要な食料やその他こまごまとした雑貨を買いにスーパーへ行く。はじめて訪れるヨーロッパでの生活が今日はじまった。

○月×日

近くの公園を散歩した。小高い丘の上にあがると、ストックホルムの低い街並みが空に浮かんでいるように見える。子どもの頃に読んでいた『やねの上のカールソン』という物語にでてくる街並みとそっくりだった。

作者のリンドグレーンはスウェーデン生まれで、『長くつ下のピッピ』で一躍有名になった作家である。小学生の頃、リンドグレーンの本をぼくはすりきれるくらい何度も何度も読み返した。引っ越しなどで子どもの頃読んだ本の多くは手元に残っていないの

KÄNNER DU
PIPPI
LÅNGSTRUMP?
BILDERBOK AV ASTRID LINDGREN OCH INGRID NYMAN

だが、リンドグレーンの本だけは今でもぼくの本棚にしっかりとおさまっている。

　晩年のリンドグレーンはぼくが滞在しているアパートから数ブロック離れたところに住んでいたというから、当然この周辺が物語の舞台になっているのだろう。カールソンが住んでいる街に今自分がいると思うと、嬉しくてしかたなかった。

　通りに面した本屋で『長くつ下のピッピ』の絵本を見つけ、スウェーデン語を読めないにもかかわらず思わず買ってしまった。

　地下鉄で家へ戻ったのは、夜の九時を過ぎていたが、まだ辺りは明るかった。

○月×日

ストックホルムはどんな店に置いてあるパンも美味しく感じる。菓子パンにはどれもニッキ味の砂糖がふりかけられていて、一度食べると病みつきになってしまうのだ。今日の朝食はその甘いパンとコーヒーを飲んだ。

　ヒョートリエットという市場に行ってみることにした。白いテントが通りを埋め、新鮮な野菜や果物はもちろん、子ども向けの衣類から果ては携帯電話の替えボディまであらゆるものが売られている。今日は連休明けの週の始まりとあって、人々で溢れていた。

　夕食はミートボールを作って食べ、深夜遅くまで本を読み、雑誌の原稿を書いていた。日本でもこんなに落ち着いた環境で生活ができれば、仕事もはかどるに違いない。窓を

PARFUMERI

開けていても忍び込んでくる音は少なく、不思議に冴《さ》えわたった静寂が部屋を包む。

○月×日

ストックホルム郊外にある「エコビレッジ」を訪ねた。このコミュニティでは、環境に配慮した今までにないタイプの住宅が作られている。スウェーデンに二〇くらいあるエコビレッジの中でも、ここが最も都市圏から近く、その試みは注目されている。案内してくれた住人のロバートはもともと大工で、持続可能な社会をいかに築くか考えているうちに現在のエコビレッジにたどり着いたという。

リサイクルの材木で建てられた家の外壁は、ほとんど塗装されておらず、本当にシンプルそのものだ。剝き出しの木は時代を重ねるごとに独特の風合いを出し、朽葉色《くちばいろ》へと変わっていく。どの家の屋根の上にもソーラーパネルがあり、白夜の夏はほとんどの電力が太陽によってまかなわれていた。

ロバートの家へと案内してもらった。屋内も太陽光を極力とり入れるように作られており、部屋の隅々まで優しい光が行き届いていた。トイレは一つの便座ながら、仕切りによって前後に区切られており、小と大でわけてするようになっている。このような家を見ていると、モノの形に機能性を追求し、環境への配慮を徹底すると、自ずとシンプルで優れたデザインが生まれるということをあらためて認識する。

屋外にエコビレッジの住民が共同で使うリサイクル用品の小屋があり、人々は使わなくなった衣類や家具をすぐには捨てずに、まずその小屋に置きに来る仕組みになっている。人々は必要なものを見つけるとそれを家に持ち帰り、いらなくなるとまた小屋に置いて半永久的にリサイクルをしていくのだ。また、住民が共同で使う車が何台かあり、必要なときに鍵を受け渡して共有する。もちろん車より自転車が主要な足である。

他にも徹底したゴミ分別、ビオトープを利用した下水処理、小さな畑など、自然と共生するための知恵があちこちに見られる。何よりうらやましかったのは敷地内にある広い森だ。森には鹿《しか》が住み、時々ムースの姿も見かけ、冬はクロスカントリースキーを楽しむという。

ストックホルムの中心にある駅から車でわずか一〇分の場所に、このようなコミュニティがあるということに驚いた。夏至祭《げしさい》の名残である木製の飾りや転がっているおもちゃを見ながら、日本のことを考えた。表向きはエコロジーを唱えていても、日本の都市部はすでに取り返しのつかない状況になっている。少しでもスウェーデンのライフスタイルをとり入れることはできないだろうか。

○月×日

今日は朝からハンナさんたちが家に来るので、急いで皿を洗い台所を片付け、掃除を

E. Ericson
Tel. 13 18 90

した。東京では炊事洗濯をさぼりがちだが、ストックホルムではそれをするのがやけに嬉しくもある。

ハンナさんに『ニルスのふしぎな旅』について尋ねた。日本でも有名なこの冒険物語はスウェーデンが舞台になっている。スウェーデンでノーベル賞を受賞した大江健三郎さんの『あいまいな日本の私』にもニルスに関する記述が多く、地元の人々にさぞ気に入られていると思っていたのだが、ハンナさん曰《いわ》くリンドグレーンなどに比べるとあまりポピュラーではないという。ニルスはもともと子どもたちに易しく地理を教えるために作られた教科書だそうで、万人に広く受け入れられているものではなさそうだ。確かにどの本屋にもリンドグレーンの本はたくさんあるが、ニルスはあまり見かけなかった。

午後、ユールゴーデン島の付け根にある店で、自転車を借りた。スウェーデンに限らず北欧では自転車専用の道路が市街に数多くあり、短い距離の行き来に自転車はとても便利なのだ。その代わり、車と同じように交通ルールをきちんと守らなくてはいけない。

ごく普通の真っ赤な自転車を借りたのだが、ブレーキのシステムが日本と異なっていた。握力の弱い子どもや女性でもきちんとブレーキをかけられるように、ペダルを逆回転させると、ブレーキがかかる仕組みになっている。ハンドブレーキももちろんついているのだが、片側に前輪用のレバーがあるだけである。慣れるまでは、間違えてペダルを逆回転させて何度もすっ転びそうになったが、とにかく手放せない道具だ。

昼はユールゴーデン島の日当たりの良いカフェで羊の挽肉《ひきにく》ハンバーグ、春キャベツ、新じゃがを食べ、その後、新鮮な苺《いちご》を食べた。今、苺はシーズン真っ盛りで、大粒なのに隅々まで甘い。人生最後の食事に何を食べるか訊《き》かれるとぼくはいつも苺と答える。世の中で一番好きな食べもの、少し恥ずかしいが自分にとってそれは苺なのだ。

○月×日

朝から雨が降っていて、空を覆った雲には切れ目すらなかった。どんよりと重くなった冷たい空気は日本の秋を思わせる。夏至祭を終えたばかりの真夏のスウェーデンだが、一度雨が降ると長袖《ながそで》なしでは過ごせなくなる。

最近は地下鉄とバスを大いに活用しており、公共の交通網にもだいぶ慣れてきた。地下鉄駅の構内はアート作品などで装飾されており、地下の暗い空間が駅ごとに実に個性的に彩られている。また地下鉄構内が日本に比べると広々していて圧迫感がなく、しかも一番利用者数の多い中央駅から乗った場合でも人込みとは無縁でゆったりしている。こんな駅を使っていれば、毎日のルーティン化した通勤通学も少しは変化するかもしれない。

海に面した歩道では写真展が開かれており、道行く人が足をとめている。このように街の歩道でさりげなく写真展が行なわれるこの街がぼくは好きだ。

帰りがけ、オレンジジュースを切らしていたので、近くのスーパーに立ち寄った。スーパーではアルミ缶とペットボトルの回収・返金を行なっており、専用の機械が設置されている。また、スーパーでは環境への配慮により、買い物のたびに紙袋をもらえるわけではなく、自分で家から袋をもってくるのが基本となっている。消費者優先の日本の過剰なサービス精神は言い換えれば、お客を子ども扱いしているようなものだが、ここでは消費者が自立を求められる。このような社会こそ、市民の判断によっていかようにも成り立つ成熟した社会だとぼくは思う。

夕食はサーモンのムニエル、デザートにクレープを作りアイスクリームをたっぷりのせて食べた。

○月×日

夏、スウェーデンの一日は長い。朝の四時には太陽があがり、薄暗闇が街を覆うのは深夜一二時過ぎのことだ。太陽が完全に落ち、闇が空を完全に染めることはない。夏至祭の前後一ヵ月間は休みになり、人々は夜遅くまで集い、酒を飲む。

朝、目覚めると、アパートの大きな窓ガラスから透明な斜光が射しこみ、白い壁が浮き上がるようにして光を集めている。二段ベッドの上で目覚めると、いつも窓を見た。毎日同じように光が射し、かすかに開いた隙間から涼しい風がやってきて、身体に一瞬のざわめきを感じる。そして、ぼくはベッドからむっくりと起き上がる。
スウェーデンの日中時間は夏至祭をピークに一週間に一四分ずつ短くなっていく。日本で四季折々の風景をいとおしむように、スウェーデンでは夏に浴びる一分一秒の光が大切だった。雨上がりにみる新緑の眩《まぶ》しい緑をこんなにも美しいと感じるのは、この国が寒い冬の闇を抱えているからだろう。ベビーカーをおして公園を歩く親子の弾んだ声を聞いたり犬を連れて散歩する老夫婦の笑顔を見ていると、こちらまで嬉しくなってしまう。

朝から晴れあがったある日、地下鉄で中央駅へ向かい、さらにバスに乗り換えて、ストックホルムの街を見下ろすカクネス塔へと向かった。初めての土地を訪れると、必ず空に一番近い場所に行ってそこから土地を俯瞰《ふかん》する。鳥の視点になって、そこかしこに生きる人々の多様な営みを想い、雰囲気や匂《にお》いを感じ取りたいのだ。山に登るぼくの原動力は、ここより高い場所からは何が見えるのだろう、何を感じるのだろう、という強い好奇心だった。あいにくストックホルムに山はないが、スカンジナビア半島で最も高いという塔に登らない手はない。

高さ一五五メートルの塔のてっぺんから街を一望する。ストックホルムは水と緑とアスファルトが1：1：1の割合で存在する稀有な環境を有している。空から見ると街の面積に対して水と緑がその比率以上に広がっているように感じる。人々は自然の中に見

事なまでの秩序を作り上げている。このような街並みを保つことができるのは、人口規模や元々の環境、戦争を経験しなかったことにも大きく拠《よ》るだろうが、このような生き方を自発的に選び取ったスウェーデン市民の自立した価値観が今のストックホルムに表れているように思う。

その後、ユールゴーデン島へ向かい、島の入り口でカヌーを借りた。どうしても水辺からストックホルムを見たくなったのだ。

二万四〇〇〇もの群島を有するヴァイキングの国だけあって湾の中に停泊しているヨットや船舶の数は多い。週末になると、古い帆船の傷んだ部分に一心不乱にペンキを塗る青年や、小型のヨットやボートで海に出る人々を多く見かける。ぼくはそれらの船のあいだをすり抜けて湾の奥へとカヌーを漕いでいった。

波間に揺られながらパドルを漕いでいると、いくつかのカヤックとゆっくりすれ違い、空にはカモメが舞っていた。ここストックホルムは都市の中心にほど近い港でも海と人がとても近い。這うようなスピードで徐々に下がっていく太陽が海を照らし、対岸には逆光の中で街のシルエットだけが浮かんでいた。両腕にけだるく、しかし心地よい疲労を感じながら、ぼくは港に戻った。

家路の途中、文化会館で写真展と現代美術の展覧会を見、地下の本屋でジェフ・ウォールとウィリアム・エグルストンの写真集を買った。今日は朝から行動していたので疲

れてしまい、日記も書かずにベッドに横になった。

○月×日

断続的な雨が道を濡らしていく。晴れたと思ったら急に灰色の雲が空を覆い、申しわけ程度に水滴をたらし、またすぐにあがる。霧雨と青空が交互に続く一日は、カフェにいる時間が自然と長くなっていく。

午前中、セルゲル広場の前を通りかかると、広場の真ん中に赤い服を着た人々が集まって騒いでいた。ワールドカップで三位になったことを喜び、街中のトルコ人たちが集まっているのだ。ストックホルムにはハンバーガーショップと並んでケバブを売る店が多く、またタクシー運転手にもトルコ人が多い。週末ということもあり、旗を身にまとった人々が勢揃いして、快哉《かいさい》を叫んでいた。踊り、騒ぎ、太鼓が響き、警官まで出動している。

夜になって、ハンナさんとその友人が家にやってきた。今晩は夏至祭のときに地元の人が食べるニシン料理をご馳走《ちそう》してくれるというのだ。ニシン料理といっても、酢漬けにして瓶詰めされた（これもマスタードが入っていたりして色々な種類がある）ニシンと茹《ゆ》でた新じゃがを皿にのせ、刻んだあさつきと共にサワークリームをあえるだけのごくシンプルなものだ。お好みでミートボールやサラダを加え、アクアヴィットというアルコール度四〇度以上の蒸留酒で乾杯して食べはじめる。食事の前に、二人が歌をうたってくれた。古い民謡の一つで、夏至祭の時には乾杯する前に皆で歌うのが慣例なのだという。食卓の上に歌声が降りかかると、なんとなくぼくらのあいだに笑みがこぼれた。

いつものように大きな窓を少しだけあけ、心地よい風と光を感じながら、新じゃがを飽きずに何度も口に運んだ。「日が上がらない冬は嫌い。気持ちがどんよりする」とハンナさんは言う。一般的にスウェーデン料理は保存食が多いものの、自然の風合いを大切にし、見た目の色も美しい。夏の食卓には冬のあいだ閉じ込められていた太陽への憧憬《しょうけい》がよくあらわれていると思う。

デザートは山盛りの苺である。目の前にある大皿の苺を見ていると、苺を食べ続けられたらどんなに幸せだろう、と思っていた子どもの頃を思い出す。幸せな晩だった。

○月×日

今日、ストックホルムをあとにする。朝起きるといつものように窓を開け広げて、空を見た。青空に白く力強い雲が浮かんでいるとほっとする。冷たい空気を吸い込んで、顔を洗い、手早くシャワーを浴びる。朝食は煎餅《せんべい》のように固いバリバリパンにクリームチーズをつけ、昨日茹でておいたじゃがいもを頬張った。ヨーグルトを口に流し込み、紅茶を飲んで一息し、そして再び窓を開けて冷たい空気を吸い込むのだ。

数日前に借りた自転車を返すため、ユールゴーデン島まで自転車に乗って街を走った。日曜の朝のストックホルムは閑散としており、人影も車もほとんど見当たらない。通りかかった公園で犬の散歩をしている女性を見かけただけの静かな朝だった。

海に到着するまでほとんど時間はかからなかった。水路はいつものように濃い青銅色をしており、光が海面を滑っていた。スウェーデン滞在が終わりに近づいており、親しみと愛着がわいた土地を離れるのは寂しかった。いつのまにかずいぶんと日焼けをしている。この透明で乾いた光を忘れたくない。

家に戻り、ゴミを捨て、台所をきれいにし、洗濯物をとりこんで、部屋を大掃除した。心地よい部屋だったが、高温多湿の日本ではこのような間取りの家は作れないだろう。小さなキッチンにはすぐにカビがはえるだろうし、シャワールームの床もあんなに早く乾くことは日本ではありえない。今回の滞在でスウェーデンがいかに暮らしやすい国かよくわかった。物価は高いが、それに見合うだけの生活水準も得られる。

掃除をしてすっかり綺麗《きれい》になった部屋に、再び光が射しこんできた。植木鉢の緑が太陽の光に透かされ、明るく染まっている。日が長い夏のあいだは人々の気持ちも弾む、と誰かが言っていたがそれは確かに真実だろう。光は人を元気付ける。ゆったりと流れる時間、快適な気候。いいじゃないか、ストックホルム！

自転車　フランス

戦後のパリを舞台にした長編アニメーション映画『ベルヴィル・ランデブー』を観た。自転車競技ツール・ド・フランスに出場していた孫を何者かにさらわれたおばあちゃんが、飼い犬とともに孫を探し出す冒険活劇である。

そこで描かれている自転車選手の孫は、子どもの頃に買い与えられるどんなものにも興味を示さなかったのに、三輪車だけにはとてつもない興味を示した。なんといっても、幼稚園の頃から、有名な自転車選手の写真をスクラップしていたほどなのだ。

このような人物設定は、自転車発祥の地であるヨーロッパ、なかでもペダル付き自転車を生んだフランスならではだと思う。〝ペダル付き〟とわざわざ書いたのは、足で地面を蹴《け》って走る自転車は一八一八年にドイツで発明されているからだ。その後、大量生産可能なペダル自転車は〝ベロシペード（速い足）〟と名付けられ、フランスで誕生した。

この冬もヨーロッパを旅する機会があり、帰国するとそんなにたいした理由もないのに自転車に乗りたくなってしまった。なぜなら、ヨーロッパの街に溢れる自転車乗りたちがあまりにも魅力的だからだ。どこのメーカーだかわからないボロボロの自転車を整備して長く愛用する学生や、シンプルなデザインの愛機にまたがってゆっくりペダルを踏むコートのおじいさん、大きなファイルを車輪横にくくりつけて軽やかに通り過ぎる若い女性などを横目で見ていると、単なる通勤通学の移動手段というよりは、愛用のバッグや靴と同じような感覚で自転車をそばに置いているように感じる。

一九〇〇年代に入ってアメリカではT型フォードが誕生し、自動車の量産体制が整って自転車は急激に衰退していく。一方のヨーロッパでは、ツーリングや運搬用などに利用され、さらに自転車競技の発展にもともない、現在のように地味に、しかし着々と自転車文化が浸透していった。

このような道具が手にはいると、その可能性の限界を知りたいと思うのは人の常だ。人々は自転車を旅に用いて世界一周を企てたり、なかには自転車で高峰を登る人もでてくるようになる。ぼくが参加したPole to Poleプロジェクトでも、メインの移動手段は自転車だった。

追い風を受けながら荒野の一本道をひたすら自転車で走り続けていると、「サイクリング・ハイ」ともいうべき恍惚《こうこつ》状態に陥る。このまま走っていき、ふわっと前輪が浮いてそのまま空に飛び出していけたらどんなにいいだろう、と思ってみたりする。

人類初の飛行に成功したライト兄弟は自転車産業で働いていたが、おそらくぼくと似たようなことを考え、しかも優れた科学者でもあった彼らはそれを実現させてしまった。車輪が使われる移動手段のルーツは自転車であり、一台の自転車はすべての乗り物に通じている。自転車は一つの機械であり、そういった意味ではカヌーやスキー、気球などとも性質が少しばかり異なっている。

大型タイヤを装着した三輪自転車やソーラーパネルによる電動アシスト自転車によって南極を旅する計画は、数年前に企画書を作ってから棚上げになっているのだが、移動の原点である自転車に戻りたい気持ちはいつももっている。ライト兄弟のような大発明はできなくとも、現代における自転車の可能性はせばまるばかりか、広がっていく一方だ。

いつか月でペダルをこぐ日を夢見ながら、ぼくは今日も駅まで自転車を走らせる。この一こぎが、路上から世界へ、大地から空へと繋がっていくことを信じて。

ウィーン展覧会記　オーストリア

なぜ、ウィーンという場所で、俳優の伊勢谷友介《いせやゆうすけ》君と展覧会を行なうことになったのか？

まずそのことを説明しなくてはならない。ウィーンの中心部に近く、オペラ座やミュージアムクォーターと呼ばれるオーストリア最大の現代アートスポットへも徒歩圏という比較的アクセスの良い場所に、kuspace wien という最近作られたギャラリーがある。ギャラリーといっても、作品を展示するだけではなく、パフォーマンスや映像上映など多目的に使えるスペースで、築一〇〇年という古いアパートの三階にひっそりと存在しており、外からはまったくわからない。ギャラリースペースの階上にはレジデンスが設けられていて、アーティストはそこに滞在して制作や展示を行なうことができる。

そのkuspace wienが、エキシビション企画を公募していたのを学校のメーリングリストで知り、まずぼくが応募した。日本ではなくウィーンで作品を展示し、しかもレジデンスに住み込みながら長期滞在するのは、いつもの旅と違って、なかなか面白そうだと思ったからだ。

審査というほど大袈裟《おおげさ》ではないが、向こうからはたまたま良い返事をもらえた。ただし、個展ではなくグループ展を行なうという条件があったので、一緒に展示ができるアーティストで、レジデンスを長期シェアして楽しい相手を探すことにした。考えているうちに、数年前に知り合った伊勢谷君のことを思い出し、連絡してみると「やろうぜ」との返事が返ってきた。ぼくと伊勢谷君は大学院が同じという共通点があるだけで、ふだんの仕事も、ライフスタイルも正反対だ。異国の地に男二人で滞在することも旅することもぼく自身は初めてで、たまにはそのような日々を過ごすのも刺激があっていいかもしれない、と思った。二〇〇四年の春先、ぼくたちは夏に二人で展覧会をすることに決めた。

その日から、伊勢谷君とぼくは何度もミーティングを重ねながら、展覧会の準備にとりかかった。二人とも家が近かったこともあり、お互いの家を行き来したり、カフェなどで遅くまで話し合った。

ぼくは極地で撮影した写真を展示する予定だったし、伊勢谷君は自分が監督した『カクト』をはじめとする都市を舞台にした映像作品を展示する。二人の作品テーマははからずも〝自然〟と〝都市〟という対極に位置するものとなり、それは自分たちのメインフィールドをあらわすものとなった。このようなことをふまえて、展覧会に不可欠なコンセプトは、後付けではあるけれど、『二つの異なる〝自然〟』とし、〝ここではないどこか〟と〝どこでもない今ここ〟を意識させる『On the edge of nowhere』というタイトルをつけた。

コンセプトの次は、宣伝用の紙メディアの作成である。伊勢谷君が所属するアートチーム「カクト」のメンバーである中川さんに協力をお願いして、夜の都会と白夜の北極圏の写真が並んだフライヤーやポスターをデザインしてもらった。

伊勢谷君は現地で映画を上映するために、機材の準備に相当時間をとられたようだ。ヨーロッパと日本では出力方法が異なるため、DVDをそのまま持っていくだけでは再生できないという難点がある。ぼくは大きな写真パネルを必死に梱包《こんぽう》してウィーンへ送ったのだが、現地に届いてみると作品の角が折れ曲がっていたりして、目の前が真っ白になった。なんとか直して展示できるようになり、保険もおりることになったのだが、そのときはひどく落ちこんだものだ。

そんなこんなで出発直前まで慌ただしい毎日をおくり、ぼくたちは成田空港からウィーンまで長い長い旅の一歩を踏み出すことになった。

kuspaceは白い壁、高い天井の落ち着いた雰囲気のギャラリーだった。オーナーの名前はハーマン・フィンク（五〇歳）。瘦《や》せてほお骨がでた顔は、人生の苦労を物語っている。彼はランプアーティスト兼マッサージ師で、数年に一度売れる自作のランプと、ギャラリー脇《わき》に作られた薄暗い部屋でたまに訪れる客相手にマッサージをして生計を立てている。

kuspaceは、もともとハーマンのアトリエ内にあるエキシビションスペースを改造して作られたもので、ギャラリーの展示なども必然的にハーマンとの共同作業となった。ぼくらがやってきたときには、ギャラリーには壊れたベッドや埃《ほこり》をかぶった作品などがあちこちに置かれ、まさにカオスが広がっていた。まずはそれらを使えるものとそうでないものに分けて収納することからはじめなくてはいけなかった。

がらくたを片づけた後、壁にドリルで穴をあけて釘《くぎ》を打ち込み、配置を考えて写真パネルを丁寧にひっかけていった。入り口を入ってすぐ左手にニュージーランド北島の森の写真、メインとなるギャラリーには人の背丈ほどに引き伸ばした極地の写真を七点、さらに、モニターをギャラリーの角に置いて、チョモランマ登頂までの様子を撮影した一五分の映像作品を常時流すことにした。

伊勢谷君の映像は、ギャラリースペースの隣にあるアトリエ内で上映することになり、暗幕を張ったり、お客さんがゆっくり鑑賞できるように椅子《いす》やテーブルの配置を考えて、部屋を一から模様替えした。板のスクリーンを天井から吊《つる》し、高さや水平を確かめ、プロジェクターもすべて手作業で脚立を使って設置する。

映画『カクト』は毎日一八時から英語字幕つきで上映し、一八時までの日中は映画のDVDの特典映像として制作した『Memory of Document』を流し続けることになった。アトリエはいつしか心地よいミニシアター兼バーになり、気が向いたらアルコールをサービスするなどして、作品を観るには絶好のスペースへと生まれ変わった。

それらの展示スペースから一つ上の階にあがったところが、ぼくたちの生活空間になっている。二人の部屋があり、共同キッチンとダイニング、ユニットバスなどがついた居住スペースである。ぼくたちはその部屋で自炊しながら二週間を過ごすことになる。

ギャラリーの前はナッシュマーケットという市場になっており、新鮮な野菜や果物、チーズに香辛料などが量り売りで買える。他にもインド人らしき商人がサッカーのユニフォームを売る屋台を並べ、トルコ人が経営するケバブ屋が軒を連ねており、いつも活気がみなぎっている。三ユーロで買える巨大ケバブやファラフェルと呼ばれるサンドイッチは、時間がないときの食事にはもってこいだ。地面に白いソースをボタボタ垂らしながら、何度路上でほおばったことだろう。

ぼくたちが買う食材は基本的に肉と野菜とパン、オレンジジュースとヨーグルトなどで、冷蔵庫はすぐに空っぽになる。肉はフライパンで丸焼きにして、野菜は炒《いた》めるか、生でそのまま食べる。味付けもへったくれもないが、肯定的に表現すると、食材そのもののの味を大切にしたシンプルな料理、ということになろうか。今振り返れば、目の前にあるものは何でも食べるという、きわめて動物に近い生活だったようにも思える。

ギャラリーでの展示準備の合間に、カフェやクラブへ行ってフライヤーを置かせてもらい、ポスターを張った。予算の関係上五枚しか作らなかった幻のポスターは、たった五枚といえどもそれなりに効果はあって、カフェの女性用トイレに張った一枚のポスターを見て、会場にやってきた女の子が何人かいた（ちなみに男性用には張らなかった……）。

フライヤーはただ置くだけではなくて、なるべく出会った人に手渡しするように努めた。話しかける口実にもなるし、マンツーマンで話した相手はギャラリーを訪ねてくれる可能性が高い。このように人海戦術で、ウィーンの広報活動は日々続けられた。

毎週土曜日は、ナッシュマーケット横の駐車場で、ウィーンで最大のフリーマーケットがひらかれる。いよいよ展覧会がスタートするその日は土曜日で、目の前のマーケットはさらなる賑わいを見せていた。

ギャラリーの準備は整っている。前日に床を雑巾《ぞうきん》がけし、穴ぼこだらけだった白壁の修理を終え、色がはげたテーブルは黒く塗り直した。準備は完了し、いよいよ一二時のオープンを待つだけとなり、手持ちぶさたになったぼくたちは、フリーマーケットを探索することにした。蚤《のみ》の市《いち》というのはどこの国でも共通していて、特にお国柄をあげられるほどの統一感はない。

ぼくは古い写真の束を買おうとしたが、ドイツ語での値段交渉に辟易《へきえき》して途中であきらめた。ウィーンは想像以上に涼しかったので、四ユーロ（約五六〇円）で上着を一枚買い、十分満足してギャラリーへ戻った。七月初旬のウィーンは風が吹くと長袖を着ずにはいられないくらい気温が下がる。夏はいつもこんなに寒いのか、と出会うオーストリア人全員に聞いているのだが、返ってくる答えは一様に否定的だ。今年の夏の寒さはどうやら異常らしい。

一方、伊勢谷君は約束の時間になってもちっとも帰ってこなかった。ようやく現れた彼が手にしていたのはカウボーイが履くスエードのパンツとインナーにボアが入ったクラークスのブーツ。パンツは一三〇ユーロ、ブーツはなんと七ユーロだったそうで、目利きの本領を発揮している。ほとんどゴミに近いガラクタの中からよくこれらの掘り出し物を見つけたものだ。今回一緒に滞在して、本能的にいいモノを見つけてくる伊勢谷君のこの鑑識眼にはいつも感心させられた。

まもなく展覧会のオープン時間である正午がやってくる。ギャラリーは窓からやわらかい自然光をとりこみ、最初に見た頃とは別空間のように静謐なスペースとなった。いよいよドアを開けるときがきた。

最初のお客さんはハーマンの友人で、同じくウィーンでギャラリーを経営しているアミールだった。彼はイラクで生まれてウィーンに移り、もう一〇年以上こちらで暮らしている。これまでぼくたちが何度か訪ねたバーとギャラリーを同時に経営し、いつも柔和な笑顔を絶やさない。ウィーンという場所で、イラク生まれの人が北極や南極で撮影した自分の写真を見る、という数奇な巡りあわせが不思議だった。

他にもカンボジア人の両親をもちながらオーストリアで生まれたカウィーナ、長身にブロンドの髪がよく似合うハンガリー人のソフィア、カウィーナの恋人でもある雪山専門の写真家や、駆け出しのファッションフォトグラファーであるクリスチャン、大学の映像科に通い将来映画に携わる仕事をしたいと言う青年、音大を卒業してウィーンへ留学している日本人学生、プロスノーボーダー、スウェーデン人のアーティスト、ウィーンで活躍するダンサー、タイからイタリアを経由してわざわざ展覧会を観るためにウィーンへ来てくれた日本人の女性旅行者、日本に留学経験があって少し日本語を話せる大学生など、本当にいろいろな人がギャラリーを訪ねてくれる。ぼくたちと同世代で、しかも好きなことや野望をもって生きる若者が多かったように思う。

思い出に残っているお客さんは大きなベビーカーと一緒に見に来てくれた親子連れだ。

赤ちゃんは生後六ヵ月だそうで、人形のように口を開け、瞬きもしない。「この子にとって記念すべき生まれて初めての展覧会よ」とお母さんが言う。お母さんにだっこされながら、相変わらず小さな口をあけ、彼は北極の大岩をじっと見つめている。まだ生まれて六ヵ月しか経ってない彼に極地の写真はどのように映っただろうか。

ぼくらは仲良くなったお客さんと飲みに行ったり遊びに行ったりしながら深夜まで騒ぎ、あっという間に会期である一週間が過ぎていった。最後のクロージングパーティーには、今まで来てくれたお客さんが続々と集まり、話が尽きることもなく朝を迎えた。

アジアの雑然とした街に慣れたぼくたちには敷居が高いかと思われたウィーンだが、通り過ぎるのではなく、一所に滞在して小さくても展覧会をひらけたことによって、いつもの旅では得られない濃密な出会いや発見があった。たった二週間の滞在だが、ウィーンには特別な愛着ができたし、会いたい人や戻るべき場所を見つけ、土地勘も身体に染みこんだ。そのような場所がこの広い世界に一つでもあるということは、なんだか幸せではないか。世界地図を見たときに、ぼくはきっとウィーンに目をやって、この夏のことを思い出すだろう。

展覧会終了日の翌日、ボスニア・ヘルツェゴビナのサラエヴォ行きバスチケットを購入した。後かたづけをし、布ですべての写真を包み、荷物をまとめた。夕方六時夜行バスにて、サラエヴォへ。夜が明けると、再びぼくたちは見知らぬ街へ降り立つことになる。そのことを想うと、見慣れたウィーンの夕焼けが、いつしか旅の空へ変わっていく。

出発のときがやってきたのだ。

写真家　オーストリア

オーストリア・グラーツ在住の写真家、古屋誠一《ふるやせいいち》さんから写真展の案内が送られてきた。今までの集大成的な個展をグラーツでひらくという知らせをもらい、思い切って格安航空券を手配して、一週間ほどグラーツに滞在することを決めた。

出発前に古屋さんにメールを送ると「家で手巻き寿司をするから、米一キロと海苔《のり》と茶葉をもってきてくれ」と返信がきた。ぼくはザックの中に、あきたこまちとニコニコのりと茶葉を入れて、モスクワ経由で冬のオーストリアへと向かった。

古屋さんはもう数十年もヨーロッパに暮らしながら写真を撮り続けており、『カメラ・オーストリア』という写真批評誌の立ち上げメンバーでもある。代表的な作品に、奥さんのクリスティーネ氏が若くして亡くなられるまでを撮り続けたポートレートがある。他にも激動する冷戦時代のヨーロッパを記録し続けた写真は、国内外を問わず高く評価されている。

数年前にお会いして以来、古屋さんが日本にやってきたときなど、お会いする機会が増えつつある。歯に衣着せぬ物言いでどうにも恐い人なのだが、その正直な人柄が人を惹きつけるのかもしれない。

グラーツの中心近くにあるカメラ・オーストリアの美術館へ行くと、写真展直前の準備に奔走する古屋さんの姿があった。すぐにオープン前の会場を案内してくれて、誰もいないフロアでぼくはじっくり写真と向かいあった。

この数ヵ月前、ウィーンのアルベルティーナという伝統ある美術館でひらかれた古屋さんの写真展をぼくは観ている。あの展覧会も良かったけれど、古屋さんの本拠地とも言えるグラーツでの今回の展示は、それに負けず劣らず素晴らしいものだった。

「自分の過去が消えてしまうのが恐いから、日々カメラによって記録している」と以前古屋さんが言っていたのを思い出す。今回の展覧会も、選び抜かれた写真によって古屋さんの人生が再構築されている。展覧会自体が記憶のアーカイヴとも言うべきものであり、さらに言えば古屋さんにとって、文章でも所持品でもなく、写真という記録のみが唯一彼の記憶や過去を支えている。

ウィーン、日本、グラーツと三回にわたって古屋さんの展覧会を観てきたが、それぞれテーマが同内容であっても、写真の順番がほんの少しだけ変わっていたり、あるいは今まで選ばれなかった写真がいくつか差し込まれていたり、省かれていたりする。時間の経過と共に内面が変化しない人間がいないように、その時々の古屋さん自身の過去であり、その集積である現在の微妙な変化が、展示に体現されているようにぼくは感じる。古屋さんは写真によって常にみずからの過去を、再確認しているようにも見える。

展覧会は、変化し続ける過去と現在のとらえ方を示し、一方で写真集はその時代の自己の内面を瞬間的に閉じこめたものだ。「展覧会より写真集作りのほうが自分にとって大切なんだ」という彼の言葉は、一定期間で終了する展覧会ではなく、本として残る写真集にこそ、自分の生きた証《あかし》があると言っているのではないか。写真集は古屋さんの過去そのものでもあるのだ。

展示された写真のひとつひとつは、選ばれた明確な理由があるにも拘《かか》わらず、観ている者にそれはほとんどわからない。撮影地と年月日は記されていても、写真にキャプションはない。古屋さんは自分のために写真を撮り、自分のために写真集を作っているので、撮影行為は生きている限り永久に続いていく。つまり、古屋さんにとって生きることと撮影することはほとんど等価なのだ。だから、一般的な写真家のように特定の撮影テーマを探したり、センセーショナルな瞬間を狙う必要もない。その自分本位な写真によって観る者を感応させる稀有な写真家だと言えよう。

ぼくは古屋さんの生き様を写真によって、ほんの小さなすき間から垣間見る。そこに見えてくるのは紛れもなく一人の人間であり、ごく私的な日記や文章を読んでいるがご

とく、他人である自分にはわからないディティールや固有名詞を含んだまま、直接自分の中に飛び込んでくる。こっちが内面をはかろうと思ってもはぐらかされる。向こうはわからせようとも思っていない。しかし、星を吸い込むブラックホールのように古屋さんの写真は自分を惹きつけてやまない。その吸引力は強力で、あるときは呑《の》み込まれそうになるのだが、ぼくは二本足で必死にふんばるのだ。ここまで自分の内面をさらけ出されたら、受けて立つほうには相当な力がいる。いつかそのブラックホールを突き放すような強い力を自分が得られるかどうかはわからない。しかし、ぼくは古屋さんの写真の前で、その日が来るまで必死に踏ん張り続けるしかない。

ホテルの一室で古屋さんからもらった古い写真集をめくりながら、窓の外に広がる靄《もや》がかかった空を見た。見知らぬ異国の空なのに、何年も前から知っているような気がした。ぼくはまたこの町に来ると思う。古屋さんがいるから、またこの町に来たいと思う。

V
大地

小　舟

ユーコン

人間が旅の手段に選ぶ乗り物はいくつもある。飛行機、車、電車、自転車、船、馬……。今まで旅にさまざまな乗り物を用いてきたが、中でも思い入れが強いのは川を下る「カヌー」である。

カヌーと一口にいってもたくさんの種類がある。たとえば、探検モノの映画によく登場するオープンデッキの舟は「カナディアンカヌー」といわれるものだ。安定性も高いし、もっともカヌー然とした舟だから、カヌーと聞いてこれを思い浮かべる人も多いだろう。

ぼくは中学三年の頃、アメリカのボストン郊外でホームステイをしたことがある。そのときに初めてまともにカヌーを漕いだ。それは同時にぼくの初めての海外体験でもあった（インドへは初めての海外一人旅だった）。

ホームステイ中のある日、ホストファミリーに魚釣りへ連れていってもらった。そのときに乗らせてもらったのがカナディアンカヌーだった。山奥にある湖の静水を音もなく進むカヌーの上から、底が見えないぬめぬめした水面を覗《のぞ》き込んでばかりいて、そのたびにちょっとした恐怖感を覚えたものだ。以来、あのゆらゆらと水面を漂う感覚や、自分が船長になって水上という特殊な環境を自在に行き来することの面白さに気づいた。水の上でぼくはすべてのものから解き放たれて自由だった。

カヌーイストの野田知佑さんの本に影響を受けたのもちょうどその頃だった。自分もいつかカヌーで川を旅しようと、最初は講習会などに参加した。カナディアンカヌーに飽き足らず、「カヤック」にも乗り始めた。カヤックはカナディアンカヌーと違って、下半身をすっぽり囲むような形をしていて、オリンピックの競技などにも使われる。もともと北極のイヌイットたちが海での狩猟に使っていたもので、ダブルブレードのパドルを用い、不安定だが機動性に富む。

はじめて日本国内で川下りをした舞台は茨城県にある那珂川《なかがわ》だった。確か高校生の頃だったと思う。沈《ちん》（カヌーの世界では沈没することを「沈」という）することもなく、ゆったりとした流れの那珂川を漕ぎ下った。しかし、急流がなかった分、食傷気味で、もっと激しい場所を目指して、それからはとりつかれたように海や川へ出かけて漕ぎまくるようになった。最初は行く先々でカヤックを人に借りていたのだが、やがて中古の折りたたみ式のものを購入し、ぼくはそれを担いで念願のカナダ・ユーコン川に向かい、一ヵ月間一人で旅をした。

ユーコン川を下ることは技術的にはたいして難しいことではない。流れは穏やかだし、急な瀬は数えるほどしかないからだ。しかし、カナダとアラスカにまたがる荒野をテントや食料を積み込んで彷徨《さまよ》うことは当時のぼくにとって最高の冒険だったし、自分の中であれほど楽しく幸せな一ヵ月はなかったと今でも思う。ひりひりするような孤独が逆に気持ちを昂揚させるのだ。生きることや死ぬことが自分の手に委《ゆだ》ねられている快感とでもいおうか。

この旅以降、短い区間をカヤックで漕ぐ機会はたびたびあったものの、カヤックを主役にした旅とはご無沙汰《ぶさた》していた。しかし、最近グリーンランドへ行って、カヤックのルーツともいうべき「スキンカヤック」に乗って以来、自分の中でカヤックへの想いが再び募りつつある。

もともとグリーンランドのイヌイットたちは流木と海獣類の皮でカヤックを作っていた。現在では皮がキャンバスなどに変わったものの、作りは昔のままに受け継がれている。あらゆるものがそぎ落とされたシンプルな白いカヤック。ぼくも乗らせてもらったのだが、まるで肌に吸い付くようにタイトな乗り心地だった。オーダーメイドの服を着ているような感覚といってもいい。

パドルは針のように細く、カヤックはいつまでも揺れ続ける方位磁針のように不安定

だった。久々に漕いでぼくはいくぶん緊張していたのかもしれない。万が一、沈したときのことを考えてなるべく沿岸を漕ぐのだが、そうすると横波にさらわれそうになる。思いきって、波が来る方向、つまり沖へ向かって漕いでみることにした。

視界が北極の冷たい海に満たされると、不思議と気持ちが落ち着いた。先が見えないことと行き止まりがないことは違う。流れゆく川、その先にどこまでも続く海。カヤックに乗った人は誰もが〝遥《はる》か〟をもつことができる。ぼくは時間を忘れて、ただ沖へ向かう。ひたすら水平線に向かって漕ぎ続けた。

春　修善寺

ぼくはミクロネシアの島から帰ってきた。都会の忙しい時間の中にすぐに身を置くことは耐えがたく、冬場の喧騒《けんそう》を逃れたいという一心で、マフラーを巻いて小さな旅にでた。行き先は修善寺《しゅぜんじ》。雑誌をめくっていて、目にとまったのが、修善寺のひなびた宿屋だったのだ。

狩野川《かのがわ》の支流を横目に竹林の小径を歩いた。修善寺のわきを抜け、人の列を離れるように爪先上《つまさきあ》がりの山道を登って梅林へと向かう。山道は、柔らかかった。秋が産み落としていった落ち葉が連なり、腐植土がスポンジのような感触をもたらしている。ミクロネシアではサンダルをつっかけながら珊瑚の破片でできた硬い道を毎日歩き、日本に帰ってからは冷たいコンクリートの道をかかとをすり減らしながらずるずると歩いていた。人気のない山道の感触は懐かしく、そして心地よかった。ぼくはなるべくゆっくりと歩いた。

喬木《きょうぼく》の杉林に木漏れ日がさし、緩やかな風が木々の間をすり抜けていく。日本に帰ってから閉じていた五感が、再びよみがえりはじめた。まぶたを閉じて先日までいた島の風景を思い出した。熱せられた空気はいつのまにか冷めて、島の隅々に響き渡っていた波の音色は寒風に擦《こす》れる葉の音へと変わっていった。

木々の中に続く山道を抜けると、梅林に入った。空気が霞んでいるのか、自分の視界がぼやけているのかわからない。冬のさなかのその場所は揺れる葉さえもなく、寂寞《せきばく》としていた。常緑樹の椰子《やし》や杉に比べると、梅の老い木はもの悲しい。大役を終えた翁《おきな》のように、梅の木は黒くふやけているように見えた。

梅の花が咲くまでに今まで通ってきた風景を思い出そう。二一世紀の幕開けは南極点で迎えた。南米最高峰の頂上には鋭い岩が幾重にも連なり転がっていた。一年ぶりの日本に違和感は無かった。チベットにある神様の住む山の頂に立った。違う時間が流れていた。沖縄の空はどこまでも青かった。重い雲が立ち込めたニューヨークで巨大な墓標の前に立ち尽くした。ミクロネシアの人々はほとばしる歌声を天に轟《とどろ》かせていた。

春を待つ葉一つない冬の梅林の後ろ姿は静謐だった。来たるべき春夏秋冬のことをじっくり考えているのだろうか。黒い樹皮の梅の木を一つまた一つと通り過ぎ、ぼくは富士山の見える小高い丘に向かって蛇行した道を歩いていた。

つづらおりの坂をゆっくり登っていくと、いつしか梅さえも眼下に見えるようになり、やがて見晴し台に到着した。後ろを振り返ると雪をかぶって白くなった富士山が大きく見えた。

旅から帰り、駅前の雑踏に身を置いていると、湿ったマッチをこするようなえもいわれぬ焦燥感が頭をもたげることがある。旅の躍動が消え、心が淀《よど》んでいくのを感じるからかもしれない。ゆらゆらと揺れるものを払拭《ふっしょく》するためにぼくは映画館に通い、劇場に足を運んでいた。しかし、こうしてふと島での生活を思い出し、人間のさまざまな営みについて改めて考えていると、そんな不安は徐々に姿を消していった。ゆるやかな時の流れに身体を預けて、世界を眺めながらとぼとぼ道を探していけばいい、と。

今、この瞬間に人々はあらゆる環境で多様な暮らしを送っている。ぼくもまたその一人であり、それが生きるということだ。梅のつぼみが開くときどんな音色がするだろう。ただただそんなことを考えながら、ぼくは再び春がくるのを待っている。

五感　ニセコ

初冬のある日、北海道のニセコで久しぶりにクロスカントリースキーを楽しんだ。南極で使用したのを最後に約二年弱も部屋の隅に寝かせてあったスキー板だが、バックカントリーの新雪に踏み出すと、瞬く間に感覚が蘇ってきて、心地いいくらいによく滑ってくれた。深い雪に足をとられる人を尻目に、森の中や谷に這う小径をスキーで行くのは、なんとも爽快な気分だった。

羊蹄山《ようていざん》の麓には白樺《しらかば》の森が広がっていて、あるとき迷い込むようにしてその森に入った。ただなんとなく入ってみたかったのだ。谷を上り下りしながら散策していると、山と山の合間にできた小さな三日月湖を見つけた。周りは白樺の森に囲まれており、看板もでていないので、ちょっとした秘密の場所を見つけた気分だった。湖に流れ入る川はないので、湧き水でも湧いているのだろうか。水面はにわかに凍りつき、粉砂糖をまぶしたようにうっすらと雪が降りかかっていた。表面が凍っているとはいえ、ほんの数センチ下には青黒い水面が顔をのぞかせている。雪深いニセコのことだから真冬になると凍った水面の上に雪が降り積もって、きっとこの三日月湖は白い雪原になってしまうだろう。ガラスのような水面が見え隠れする今の時期だからこそ、壊れやすく繊細な美しさをぼくは見ることができたのだ。

薄い氷上に小動物の足跡がある。キツネ、だろうか？　足跡を見ているうちに氷の上を歩いてみたくなった。人の気配がしない場所に立ち入ってみたくなるのは、ぼくだけではあるまい。そろそろ夕暮れが近づき、宿に戻らなくてはならなかったのだが、好奇心を抑えきれず、獣道をスキーで下り、湖に近づいた。

湖に張った氷は近くで見れば見るほど、薄くてもろそうだった。試しにストックで思いっきり叩いてみたのだが、予想に反して、びくともしない。水に落ちてもすぐに飛び上がって抜け出せるように、ある程度の心がまえをもちながらぼくは恐る恐るスキーを履いた片足を氷の上に乗せてみた。まだ大丈夫。今度は少し体重をかけてみる。それでも氷が割れる気配はない。意を決して両足を乗せてみる。

結局冷たい水に落ちることはなかった。岸から二メートル以内の氷は比較的固く、ゆっくりとスキーを前後させれば、なんとか歩くことができた。氷の表面はヤスリのようになっており、歩くたびにスキー板が削られていくようだ。文字通り、薄氷を踏む思いで、氷の上に立ち、静かに目を閉じると、鳥の鳴き声と、樹々を揺らす風の音が聞こえた。冷たい空気が鼻腔《びこう》の奥をくすぐる。

　最近は人間のるつぼを旅することが多かったので、このようなささやかな冒険や五感を解放させながらの山歩きとはご無沙汰していた。足の下にある地面を意識したり、視覚だけではなく、耳や鼻や肌触りで自分と対象の関係を探ることを久しく怠ってきたように思う。自然とじかに触れる機会が少ない毎日をおくっていると、感受性も想像力も鈍ってくるのは当然のことだ。

　映像や文字など、視覚から得られる情報には、とてつもなく多くのものが詰まっている。だが、それだけに頼っていては生命の気配や、雪の冷たさを、感じることはできないだろう。情報がないことは逆に想像力を高め、見えないものを感じさせてくれる。そして、見えないものにこそ大切なものが含まれていることが多い。

　キツネの足跡は湖の対岸に消えていた。ぼくもその後を辿《たど》りたかったが、氷上には不気味なひびが見え隠れしている。きっと向こう岸は動物だけが行くことを許された世界なのだ。ぼくはまだあちらに行くことはできない。

　岸に戻ろうとすると、ストックが氷を突き破って水に触れた。冷静を装いつつ、急ぎ足で岸に上がり湖面を見ると、なんだか別の場所に思えた。凍り始めたばかりの湖は、動物と人間を隔てる境界《とばり》だったのかもしれない。

　すでにあたりは夜の帳に包まれつつある。ぼくは足早に獣道を上り、白樺の森の出口に向かった。道路にほど近い森の切れ目に、一本の枯れた大木があった。それは表皮を残してすでに朽ち果てていた。はるか昔、この大木の幹で野宿した者の痕跡《こんせき》だろうか、木の内側の表皮はかすかに焦げ、炭化している部分があった。ぼくはその木にゆっくり手をあてて、今は見る影もない大木の来歴を想い、この木を通り過ぎていった人々のことを考えた。

暗闇の中、手から伝わる木の触感がストーリーを紡いでくれる。老齢の語《かた》り部《べ》が今にも優しい声で語りかけてくれそうだった。

便り　インド

前略

インド北部の小さな田舎町からこの便りを書いています。そろそろ季節の変わり目ですが、体調を崩さず元気にしていますか？　こちらは喧騒の首都デリーを抜け、今はヒマラヤにほど近いダラムサラという町にきています。標高が二〇〇〇メートル近くあり、あの蒸し暑さがうそのように、涼しく、そして山に囲まれた静かな場所です。

デリーから激しく揺れるバスに乗って一三時間もかかり、バスを降りたときには疲れ果ててふらふらでした。夜行バスだったのですが、無論よく眠れるわけもなく、車内で何度も体が宙に浮いたので、全身の骨が今でも軋《きし》んでいます。気温はだいぶ下がり、早朝Tシャツに短パンで地面に降り立つとすぐに鳥肌がたちました。

ホテルの客引きもいない小さな町で、路地をさまよっていて見つけた安宿に今夜の寝床を確保しました。受付にはチベット人らしい青年がおり、日当たりのよい部屋に案内してくれました。部屋の前には谷があり、奥の山の端から朝日が昇ってくるのが見えます。斜面に建てられたこぢんまりした宿で、すぐに気に入りました。

　早朝の町を散歩すると、チベットの民族衣装に身を包んだお年寄りが手にマニ車をもって歩いているのを見かけました。マニ車というのは、赤ん坊がもつガラガラのようなもので、軸に付けられた太い車輪にチベット仏教の経文が書かれているのです。それを一回廻《まわ》すことによって、お経を一度唱えるのと同じ意味をもつのです。

　町の中心部にはストゥーパ（仏塔）があり、ここでも朝から大勢のチベット人が祈りを捧げていました。朝の透明な光の中でストゥーパに備え付けられたマニ車を廻すお年寄りに、さまざまなものから解き放たれた美しさを感じました。

　言い忘れましたが、ここダラムサラにはチベット亡命政府があり、中国から逃れてきたダライ・ラマ一四世やカルマパ一七世が住んでいるのです。ダライ・ラマに従ってチベットを去った十数万のチベット難民にとって、ここは心の拠りどころになっている特別な場所なのです。

　去年チベットのラサを訪ねてみて、ぼくには小さな違和感が残りました。主のいないポタラ宮が妙に寂寞としている気がして、かの地の置かれている状況をつかみきれないもどかしさがあったのです。しかし、ここインドのダラムサラで人々が故郷チベットと変わらずゆったりと、そして生き生きと暮らしを営んでいる姿に少しほっとしました。もちろん、数日間の滞在ではわからない苦悩を同時に抱えているに違いないのですが。

インド北部の喧騒と暑さに疲れた身を、この町で癒せればと思います。思えば七年前にはじめてインドにやってきたときも、ぼくは途中でネパールに逃げ出したのでした。カトマンズとダラムサラにゆったりとした共通の時間の流れを感じます。

あのときぼくはまだ高校二年生で、一七歳になったばかりの夏に何を間違ったかインドの地を踏んでしまいました。英語もろくに話すことができないのに、ルーティン化する日常への反抗心だけは日に日に増していき、無鉄砲にも日本を飛び出したのです。地を這うような貧乏旅行で、ぼくの生き方はあのときに決まってしまったと言ってもいいでしょう。あれから七年という歳月がたち、ぼくは世界中のさまざまな地域を旅しました。英語もある程度わかるようになり、経験も積んで、異文化の中に身を置くことにも慣れました。しかし、以前と同じようにお腹を壊し、もうもうと舞う砂埃の中で、インドの喧騒にほとほと手を焼いているのです。あの頃を知っているあなたならば、ぼくが前と何も変わっていないことを笑うかもしれませんね。そう、そしてインドもまた変わらずにあり続けている。

ぼくはしばらくダラムサラに滞在した後、再び西を目指します。デリーでパキスタンのビザを取得したので、陸路で国境を越えて、そろそろパキスタンに入ろうと思っています。とりあえず今月中にペシャワールへと向かう予定です。

西へ、西へ。今日、チベット寺院で五体投地《ごたいとうち》をしながら祈る人々を見ました。彼らは何に向かっているのでしょうか。ぼくは、まだ星々が存在しているかの地を目指して歩きつづけたいと思います。

日本はこれから本格的に秋が深まっていくのでしょうが、どうか体に気をつけて日々をお過ごしください。

再び日本で会えるのを楽しみにしています。ではまた。

草々

石川直樹

天の川　アフガニスタン

カブールからバーミヤンに向かう道は「そこに道路がある」というより、「車がかろうじて通れる場所を一応道路と呼んでみた」というような表現のほうが正しい。極度に乾燥した気候と、岩山を無理やり砕いてできたかのような砂利道が組み合わさり、車が通った後に舞いあがった砂埃が、いつまでも宙に舞いつづけるのだ。

車の後方の窓がなぜか取り外されているので、車の中は目も開けられないほどに乾いた砂が舞う。ぼくの髪の毛はセメントで固めたようにバリバリになり、身体は石灰岩でできた下手な彫刻のように白くなった。たいした距離ではないにもかかわらず、そのような悪路を一〇時間以上走りつづけて、ぼくはようやくバーミヤンに到着したのだ。

アフガニスタンという国を世界に広めることになったきっかけは、バーミヤンの仏像破壊のニュースによってだろう。ガンダーラ時代に垂直な岩壁に彫られた高さ六〇メートル近い巨大な仏像は、仏教徒か否かを問わず、見る者すべてを黙らせてしまう説得力をもっている。それは、機械がなかった時代にこのような巨大遺跡をつくり上げた人々への尊敬であり、はるかなる時の流れに身をさらし人間界を見下ろす仏への畏怖の念といってもいい。

仏像が破壊された現場へ向かった。バーミヤンの仏像は、偶像崇拝を許さないイスラム原理主義のタリバン政権によって、近年爆破され、粉々になってしまっているからだ。この仏像破壊のニュースは世界中を駆け巡り、内戦が続く国というイメージしかなかったアフガニスタンの印象を、一層悪化させながら、その名を世界に広めたのだった。

跡形もなく粉々に砕け散った仏像跡に立つ。立ちふさがる垂直な岩壁は、仏のシルエットをなぞるように大きくくりぬかれており、ぼくは目を閉じてそこにあった仏の姿を想像した。長い間、アフガニスタンの人々の営みを見てきた仏像は、多量の火薬によって崩れ落ちる瞬間いったい何を想ったのだろう。異教徒を認めることのできない者への憐《あわ》れみだろうか。愚かな人間への怒りだろうか。

この仏像破壊により、タリバン政権への制裁として外国からの援助が止められ、貧しい国情はよりいっそうひどいものになった。そのようなときにいちばん被害を受けるのは、最下層の生活に困窮している人々だということを、世界は考えようとしない。

そして現在のアフガニスタンは、巷《ちまた》のニュースなどで見るように、各地で軍閥が割拠し、カブールほか、国際治安支援部隊が駐留する一部の都市をのぞいて、混乱の極みを迎えようとしている。

破壊された仏像の跡を去り、バーミヤンの町へと戻った。ひとつしかないバザールには数軒の宿や店がある。チャイハナ（食堂）の絨毯《じゅうたん》の上にあぐらをかいて座り、乾いたチャパティをちぎりながらもぞもぞと口に運んだ。無理して腹に流し込んだが、喉《のど》が渇いて仕方なかった。

食事を終え店の人と話すと、雑魚寝《ざこね》でいいならここで眠ってもいい、という。日が暮れると地元の人々もそのチャイハナに集まってきて、思い思いに横になりはじめている。ぼくは部屋のいちばん隅にザックを置き、皆と同じように横になった。

ヘッドランプをつけてトイレに行こうとすると、人々に止められた。「これを持っていきなさい」とひとりの老人からアルコールランプを手渡された。アフガニスタンでは夜間に人が歩くことはめったになく、怪しい光を灯していると、狙撃《そげき》されることがある、という話を思い出した。ぼくはだいだい色の火が灯ったアルコールランプを受け取り、外に出た。

空を見上げると、今まで見たどんな夜空よりも明るかった。それは月の光によってではなく、無数の星が集まって、夜空がミルク色に発光しているのだった。天の川の色はことさら濃く光り、星が川の流れにのって揺れているようにも見えた。

仏像破壊とテロ事件によって世界がこの国を見捨てようとも、人々の営みは確実にそ

こにある。世界がここにある事実に目を向けようとしなくても、太古から続く地球の時間はここにも確実に流れている。自分が住む街の空はすでに星を失いつつあるが、頭上にどこよりも多くの星をもつ土地があるということを、忘れたくない。

辺　境

アフガニスタン

アフガニスタンという国は、このように時勢が混沌とする以前、旅人にとってユーラシアのオアシスのような存在だった。数十年前のアフガニスタンを旅した人に話を聞くと、皆それぞれ宙を見上げながらまるで夢の世界を語るように、アフガニスタンの良さについて口をひらくのだ。旅人をもてなすイスラムの教えを町の人々が体現し、移動する越境者たちは疲れた身体を小さな町で休めていく。

バーミヤンの仏像破壊やニューヨークでのテロ事件以降、アフガニスタンは多くのメディアによって血なまぐさいイメージで塗り固められ、日本にいながらかの地の状況を正確に把握することは難しかった。インドからパキスタンへ渡り、声なき人々が暮らす大地に向かってさらに西へ向かったのは、そこに暮らす人々の声に自分の耳を傾け、世界をより直接感じたかったからだ。

パキスタンのペシャワールからバスに乗り、カイバル峠を越えて、カブールを目指す。

混乱の続くアフガニスタンを逃げ出し一時的にパキスタンで過ごしていた人々が、再び故国へと戻り始めている最中で、それらの人々が乗った幾台ものトラックが、ぼくが乗っているバスの横を通り過ぎていった。後ろから見える荷台には家財道具があふれ、その隙間に身を寄せ合うようにして砂埃と振動に耐える家族の姿が見える。

水不足の町では女たちが何キロもの道のりを歩き、井戸から水を汲《く》んでまた町へと戻っていった。頭の上に置いた一杯のバケツが、その日の料理や洗濯に使う唯一の水である。彼女たちは、水を運ぶためだけに炎天下の砂漠を半日かけて歩き、子どもの世話をして一日を終える。このような市井の人々の頭上に爆弾を落とす理由などどうやっても見つけられないことを、誰もがわかっているはずだ。

カブール、マザリシャリフ、バーミヤン、カンダハール、ヘラートと、ぼくはアフガニスタンの主要都市を一ヵ月かけてすべてまわった。英語の通用度はかなり低く、旅先で覚えたダリ語と身振り手振りを駆使してなんとか旅をしながら、痛いほど身にしみたことがある。それは、彼らの底なしの優しさだ。旅人に親切な人はどこの地域にも存在する。しかし、出会ったほとんどの人が、尋ねること話すことすべてにじっと耳を傾け、気を遣い、友好的に接してくれる国をぼくは知らない。母語が違うにもかかわらず、彼らはぼくとコミュニケーションをとろうと知恵を絞り、なんとか対話を試みる。異邦人をここまで受け入れようとしてくれる彼らに対して、ぼくは驚きを隠せなかった。いわゆる先進国と呼ばれる国々は彼らにいったい何をしてきただろう。声無き人々の声を汲み取ろうとしてきただろうか。

世界の関心が再び薄れかけている今も、当然アフガニスタンの人々はそこで生活している。メディアを通して聞こえてくる声は、他の多くの声のほんの一部でしかない。土の上からかすかに聞こえる隣人の息吹をどれだけ感じられるか。今ここを意識しつつ、ここではない場所や自分と異なる人々について、少しのあいだ思いを巡らせてみることはそんなに難しいことではない。もしかしたら、本当の辺境は自分の内にあるのかもしれない、とも思う。

死海　イスラエル

現在、ヨルダンの首都アンマンに滞在している。もう夜の一〇時近くだというのに、通りは賑やかで、泊まっている安宿の窓からは、車の騒音と隣のＣＤ屋（といってもカセットテープのほうが多いのだけれど）からアラブ・ミュージックが途切れることなく流れている。

夜になっても暑さはあまりおさまらず、天井の扇風機は一日中、まわりっぱなしだ。一ヵ月前にトルコに入り、シリア、レバノン、イスラエル、ヨルダンの中東各国を旅してきた。そろそろこの暑さに身体が慣れてきたころだ。

ぼくは半袖の襟付きシャツにすぐ乾く素材のパンツを毎日着用し、その日の終わりにそれらを洗面台で洗うのが日課となっている。シャツの替えも下着の替えも一着だけなので、毎日洗って交互に着ているわけだ。

今日は死海に行って泳いできたから、そこら中に塩がついているかもしれない。死海の塩分濃度は二七パーセントもあり、海に入ればどんなにカナヅチの人でも必ず浮く。気をつけの姿勢で力を入れて縦に身体をまっすぐにしても、沈まないどころか肩まで水の上にでてしまうのだ。ただでさえ水温が一年中高いのに、今日は強い太陽光に熱せられてまるで温泉のようだった。気温は四〇度を超えようかというところだ。

夏場は暑すぎて人気がないらしく、先客は白人のおじいさんと黒いベールに身を包んだ若い女性の二人だけだった。水に浮かんでいても額に汗をかくというのに、女性の方は黒い服に全身を包んで海岸に座り、片方の足だけを水に浸してずっと足をさすっている。果たして死海の水は彼女の足を治癒してくれるだろうか。効果のほどはともかく、怪我や病気の療養のためだけに死海に来る地元の人もいるということが、この海の特異さを物語っている。

頭を空っぽにしてパンツ一丁で海に浮かんでいると、ささくれや小さなキズがしみて刺すように痛むが、しばらくするとそれにも慣れる。死海の水は心なしかトロトロしていて、水中で肌をこすると確かに驚くほどすべすべになっていた。日本では死海の泥を使ったエステや死海の成分が入った化粧品なども売られているそうだから、美容にもよいのだろう。ただ、死海の泥は有名なポイントでは取り尽くされてしまって、ぼくが行った場所には乾いた土しか残っていなかった。

対岸にあるイスラエルの荒涼とした岩山を見ながら、目や口に水をつけないようにして立ち泳ぎをしていると、アラブ人の家族がやってきた。女性は町で見かけるのと同じように、顔以外の部分を黒いベールで覆っている。アラブ人の家族も休日には死海で泳ぐのか、と思ってじっと見ていると、海岸のそばまで来て記念撮影をして、海に入らずそのまま帰ってしまった。死海はただ眺めると、単なる湖にしか見えないんだけどなあ。

アジアはパキスタンあたりから、アフガニスタン、イラン、トルコ、そしてアラビア半島にいたるまで人口の大部分をイスラム教徒が占める国が続く。それらの国々の女性は、頭から体全体を覆うブルカであったり、黒いベールやスカーフなどで頭を覆い、長袖にくるぶしまである長いスカートやパンツをはいている。夏は四〇度近くまで気温が上がる酷暑にもかかわらず、肌の露出がほとんどない。結婚前の女性が人前で男性と話している場面は滅多に見られないし、はたから見ると非常におとなしくて禁欲的に見える。

これはイスラエルでアラブ人家庭にホームステイをした女性から聞いた話だが、外ではベールをつけて寡黙な彼女たちも、家に戻ると薄着になって、音楽をかけて踊ったり、異性の話をしたりと、当たり前のギャップがあるそうだ。体の線をださないように服を身につけるのでわからないが、みんなかなりグラマーだったと彼女は言っていた。アラブ女性の日常を垣間見る機会は果たして訪れるだろうか。

そんなことを考えながら、ぼくはただひたすら浮かび、旅の疲れを癒していた。密度の濃い塩分や鉱分のために生物が住めないこの海はなんだか物悲しくもあり、自分がいてはならない場所のような気もする。ちなみにここは世界でもっとも低い地点だ。標高マイナス三九四メートル。世界でいちばん高い場所も生物が生きられるような環境ではなかったが、どうやら世界でいちばん低い場所もまた同じのようだ。人間にとって極限の環境を「極地」と呼ぶならば、死海もまたそうなのだろう。干からびるほどに暑く、空気は心なしか濃密な気がしたけれど。

国境　イラク

国境というのは不思議なもので、文化や習慣が同じ地域でも、その線が引かれただけで別々の国としてふたつに分断されてしまう。島国である日本には陸路で抜けられる国境というものがないので、海や空を越えることが異国への第一歩となるわけだが、それは世界地図を見渡してみると実は特殊なことなのだ。

生まれて初めて陸路で国境を越えたのは、高校二年のときにインドからネパールへ向かったときだった。夜行バスに乗り込み、インドのパトナという町からネパールのカトマンズへ向かった。オンボロバスに乗ったのは別に陸路にこだわっているからではなく、単純に飛行機に乗るよりも安く済んだからだ。ただでさえ初の海外貧乏旅行できつい思いをしていたのに、インド〜ネパール間のどうしようもない悪路にはまいった。半分寝ぼけていたので、国境を越えたという記憶ははっきりしていないのだが、朝もやのカトマンズの風景がまるで別世界のように優しく感じたことだけは覚えている。

以来多くの国境を通り抜けてきた。今まででもっとも印象に残っている国境越えはアフガニスタンのヘラートからイランのマシュハドへ抜けたときだ。旅行者はほぼ皆無で、いまだ混乱のさなかにあったアフガニスタンをぼくは一ヵ月間旅し、全土をぐるりと一周した。ようやくイラン国境に近い西の都ヘラートへ到着してしばらく滞在し、身支度をしていつものように国境行きのバスに乗り込んだ。砂漠の中の一本道を右に左に揺れながらバスは車輪を引きずるようにしてのろのろと進んでいく。道は未舗装で日本の感覚で言えばひどい悪路だったが、それまでアフガニスタン国内では道とは名ばかりの地面を走り続けてきたので、ストレスを感じることもなく、見慣れた砂漠の風景を眺めていた。

えもいわれぬショックを受けたのは、アフガニスタンからイランに入ったその瞬間だった。道はコンクリートで舗装され、バスが揺れない。夜になっても外出禁止令は出ておらず、あちこちに明かりがともっている。日が暮れても店は開いていて、しかも店先に陳列されたモノは豊富だ。国境を一歩越えただけで、環境がこうも突然異なってくる。国境という見えないラインが何かを保障するものではなく、人々を閉じ込めるための壁のように思えた瞬間だった。

つい先日までぼくは中東を旅していた。旅の最後にイラクへ行き、帰りはバグダッドからヨルダンのアンマンへと戻る予定だった。最高気温五六度というおそろしい気候のバグダッドは、町として完全に機能しているとは言い切れず、特に治安の面から見るとほぼ無法地帯と化していた。ぼくは街の中心部に近い一泊六ドルの安宿に泊まっていたのだが、常に気が張り詰めており、いつにもまして緊迫した時間を過ごした。

街の様子を撮影し、人々の声をひとつずつノートに書き留めながら、アンマンへ戻る日がやってきた。アンマン行きの乗り合いタクシーに乗り込んだのは運転手と自分を含めて七人。皆で一緒に昼食をとり、日本の話などをしながらあっという間に国境へ到着してしまった。今回の旅だけで八回目となる国境を越えて、ぼくは旅を終えようとしていた。

国境のイラク側でタクシーの乗員七人が出国手続きを無事に終えて、ヨルダン側に入る。入国手続きの前にパスポートをチェックする小屋があり、そこには長蛇の列ができていた。やがてぼくの番がやってくると係官は顔を見ただけで通してくれた。後ろに並ぶすっかり気心の知れた同乗者たちを待っていると、いつまでたっても小屋から出てこない。中で何やらもめているようだ。一時間ほどしてひとりまたひとりと小屋から出てくるのだが、皆こちらを振り返ることもなく、肩を落としてイラク側へ引き返していった。

「アンマンに着いたらたくさん買い物をしなくちゃいけない。バグダッドでは手に入らないものが多いからね」と大声で言っていたお父さん、老いた母親と一緒にイラクを出ようとしていた若者、そのだれもがヨルダンの入国手続きをするまでもなく追い返されてしまった。タクシーの乗員で結局ヨルダンへの入国を許可されたのは、ぼくとタクシードライバーのふたりだけだった。

どうして彼らがヨルダンに入れなかったのかはわからない。書類の不備かもしれないし、急増するイラクからの難民を厳しく制限しているからかもしれない。国境というものがそこを通過できる者とできない者を選り分ける理不尽な線であるという思いだけが残った。

彼らとは挨拶もできずに別れてしまい、ぼくは彼らに申し訳ない気持ちでいっぱいだった。ぼくがその場で彼らに駆け寄って係官と折衝していたら状況は変わっていたかもしれない。タクシードライバーはふたりきりになった車内で、ほとんど無言のままアンマンへ向かった。地平線に沈む夕陽が視界に入るすべてを茜色《あかねいろ》に染めている。見えない線の向こうはここでもやはり別世界だった。

森　ニュージーランド

ニュージーランド北島の原生林を歩いた。先住民マオリの聖地でもあるその森には、人間が生きていくために必要なすべてがあった。航海民であり森の民でもあったマオリにとって、森は美しさを愛でるものではなく、それなしでは生活できない一心同体の存在である。

この森を歩きながら、宮沢賢治の『狼森《オイノもり》と笊森《ざるもり》、盗森《ぬすともり》』という短編が頭の中にちらつく。火山の噴火によって山が生まれ、森が育ち、人間がやってきて開墾し、村を作り、子どもを増やしていくあいだの人間と森の交感を描いたこの作品が、マオリの森と重なった。

「ここへ畑起してもいいかあ。」――「いいぞお。」

「ここに家建ててもいいかあ。」――「ようし。」

こんな調子で森と人間が会話をしながら、〝贈与〟という関係が非常にわかりやすく

描かれている。宮沢賢治は山や森が声をもち、人間とともに生きてきたことを知っていたのだ。いつの頃から人間は自然の呼び声に耳を傾けられなくなったのだろう。ぼくは柔らかい土の感触を確かめながら、空を見上げた。

生々しい時間の流れが自分の身体と接続されるとき、その空無のスペースに、ぶつかりあうエネルギーを感じる。

森は、たしかに生きている。

闇　ニュージーランド

闇に包まれた夜の原生林を歩いた。ここはニュージーランド北島のさらに北、トラウソンの森と呼ばれる国立公園である。

この森が他の森と違うのは、ニュージーランドの固有種であるカウリという大木があちこちに生えていることだ。カウリは、カヌーを作るための建材に使用された他、昔から家などを作るための資材として利用されてきた。先住民族マオリの後に入植してきたヨーロッパ人らによって乱伐され、今では許可なしにカウリを切ることは禁じられている。

カウリの下から見上げると、一本の幹が空を突き抜けるようにして伸び上がっている。この木を怒らせてはいけないし、悲しませてはいけない、てっぺんが見えないほどの巨木を前に、湧きあがる気持ちを押さえられない。

葉に覆われた天井のその先には、なめらかな天の川が縦横に広がっている。満月が明るいのは当然として、ここでは天の川の明かりで本が読めるのだ。まるですべての星に火が灯されているようだった。星が浮かんでいるのか、それとも自分が星々のあいだに浮かんでいるのかわからない。

南十字星は、もっともわかりやすい夜の目印だ。夜空を見上げていれば、すぐに見つかる。というよりはむしろ、意識せずとも見つけてしまうといったほうが正しい。南半球の航海者が身につけていた伝統航海術でも南十字星が最重要とされ、その位置を基本にして他の星の位置を見極め、自分だけの地図を夜空に描いていたのだ。

森の中に作られた一本道を進んでいくと、暗がりの中から、一本また一本とカウリがその悠然とした姿をあらわしていく。中にはカウリガムと呼ばれる樹液を涙のように流しながら、その生をまっとうしようとしている老木もあった。マオリはカウリガムを本当のガムのように噛んでいたこともあったし、カヌーなどを作る際にはボンドとして使用していたこともあったという。老いさらばえ、疲れ切った幹が、生きてきた時間の長さを物語っていた。

このような鬱蒼とした夜の森で冴えるのは、嗅覚《きゅうかく》と聴覚である。湿った草や土の匂いが鼻に飛び込んでくる。マオリにとって平和の象徴であるシダの葉が幾重にもなって垂れ下がり、それが身体に触れることによって自分が確かに大地の上に立っていることを確かめる。木の幹から、地面から、大気から原始の地球の息づかいを感じる。

森にはカウリやシダ類の他にも人間にとって大きな恵みとなるさまざまな薬草が存在している。〝ペッパーツリー〟という木の葉は、多少の抗菌作用があり、その名の通り胡椒《こしょう》の代わりとして料理にも利用され、日本のぜんまいにあたる〝ピコピコ〟やその芽の部分である〝コルー〟などは、茹でて食べられる。ちなみに、くるくる巻いた形の新芽はすべて〝コルー〟と呼ばれており、彫刻などにそのデザインがよく使われる。

歩みを止めると、足音が消え、やがて奇妙な鳥の鳴き声が聞こえてきた。野良犬の遠吠え鳴き声というよりはむしろ、何かを求めて、吠《ほ》えているようでもある。キウイだ。キウイよりもときにせつなく、ときに温かい。キウイは、マオリたちが島に来るはるか以前、外敵がいなかったために飛ぶことをやめてしまった鳥だ。キウイの鳴き声は空への嫉妬《しっと》かもしれないし、あるいは、星々への求愛かもしれない。

拳ほどもあるクモが、森の水を存分に吸って、たわんだ巣を張り巡らせている。巨大なクモやカタツムリを見ていると、自分の眼が顕微鏡になってしまったかのように感じる。カタツムリはライトをあてると眩しそうに身をくねらせた。小川といってもまるで牧歌的ではない水路の中で、太ももほどのうなぎが堂々と泳ぎ、身体を半透明にした魚がどうぞ見て下さいと言わんばかりに眠っていた。死んだ大木の幹には、針のような長い足のバッタが忙しそうに動き回り、ツチボタルと呼ばれる発光性の昆虫が地中で怪しげな光を放っている。日本の蛍とはまったくの別種で、羽虫の幼虫らしい。その光で他の昆虫を誘い寄せて餌《えさ》にするのだ。

トラウソンの森には、都市に住む人間が失った野性に満ちている。光に溢れた昼間の森を歩いた後、木々の合間のわずかな星光に照らされた夜の森を歩くと、空という先導者の存在がただただありがたい。スターナビゲーションと呼ばれる古代の航海術は、夜の闇への畏れを信頼に変える、生まれるべくして生まれた知恵であることをそのとき実感した。星たちが輝く空は、闇の中の唯一の寄る辺だった。

道しるべ　ニュージーランド

ニュージーランド先住民マオリは、森の中で迷わないために、枯れたシダの葉を道しるべとして地面に置く。枯れたシダの葉はペンキを塗ったように真っ白で、黒土の湿った地面に置くとよく目立った。

マオリが歩いた径をたどりながら、ぼくは先行者の姿を想像する。自分が引き返すときのために葉を置いたのだろうか。それとも、後から来る家族のため？　遊びにくる幼い子どものため？

葉はやがて土に還《かえ》る。あるいは風で吹き飛ばされてしまうかもしれない。束の間の目印として葉をそっと地面に置いた彼、彼女は森の奥へどんな用事があったのだろう。

ニュージーランドの鬱蒼とした原生林は人間から隔絶されたために美しい姿を保っているのではない。マオリというよき理解者が畏怖の念をもって森とつきあってきたからこそ、今の状態を保っていられるのだ。自然と共生するというのは、〝人間が自然を守る〟ことではなく、人間と自然が対等な関係を結ぶことではなかったか。

この森はマオリが住んでいる限り生き続けるだろうし、マオリは森が存在する限り生き抜く力を失わないだろう。

旅のトイレ考

トイレというものは、旅と切り離せない。旅と切り離せないどころか、生きることと切り離せないのだから、それはすなわち何からも切り離せない人生と不可分なものということになる。

人間の暮らしの多様さは衣食住どれに言及してもはっきりと浮かび上がってくる。だから、ことさらトイレの問題を掘り下げることによって世界の多様さが見えてくる、などと安易なことを述べるつもりはないけれど、トイレというものは着ている衣服や食べたものや住環境とも密接に結びついているために、例えば各地のテーブルを比較するよりはずっと直接的にその土地の暮らしを物語ってくれるはずだ。

アラスカとカナダに流れるユーコン川をカヤックで下った際、支流のきれいな浅瀬の真ん中で、何度も用を足した。周囲数百キロにわたって誰もいないのだから、堂々とズボンを脱ぎ、裸足《はだし》で川に入っていく。尻が着くか着かないかのところまで腰をかがめ、し終わったら尻を川に浸せばいい。紙を一切必要としないあの天然ウォシュレットの解放感は何ごとにも代え難いものがある。「何日も風呂には入っていないが尻だけはきれいだぞ」という自負も湧き上がり、心身ともに健康になるのだ。ただ、この場合はユーコン川だったからこそできたことで、町に近い川で同じことをしたら石を投げられる。川は人々の飲料の源でもあるわけで、むやみやたらと排泄をして川を汚すわけにはいかないのだ。

野糞もまた然《しか》りで、美しい川や山を見ながら、一人木陰や岩陰に隠れてするのは快感である。この場合、使用したトイレットペーパーは燃やし、出したものには犬のごとく砂をかけて痕跡を抹消する。トイレットペーパーがなければ新聞紙や読み終わった文庫本のページをちぎるか、そこらにある葉っぱでもいい。新聞や本の場合は、一度くしゃくしゃにするのが重要で、こうすることによって拭き具合がよくなる。また、拭き終わった紙が突風に吹かれてあちこち散乱することもあるので、緊急時といえども場所の選択には細心の注意を払ってきたつもりだ。

北極での野糞は快感よりも緊張が上回る。まず何重にもレイヤードした衣服をいかに脱ぐか事前に考え、マイナス四〇度のだだっ広い氷原で尻をさらして、尻を拭くときは素手になる時間を極力短縮する必要がある。する前後にはスコップで堅い雪を掘らねばならず、トイレに行くことが決して安息の時間にはなりえない。鼻がいいシロクマに背後からおそわれないよう、常に前後に気を配ることも大切だ。

川や野のほかに、シンプルな排泄方法といえば海がある。ミクロネシアの離島では泳ぎながらするのが一般的だった。隆起珊瑚礁でできた島は地面に排泄してもすぐには土に還らないので、海で魚の餌にする。男はふんどしを穿《は》いたまま、女は腰巻きをつけたまま一人海に入り、肩まで海水に浸かって、する。これも慣れないと自分の大便と素肌が衝突してしまうことになるので、潮の流れや波の動きをよく見極めなくてはならない。海水のなかでふんどしを少しずらして、便の出口をあけ、浅ければふんばり、深ければ平泳ぎみたいな状態でするのだ。自分の大便から逃げようと、沖へ泳ぎすぎてとんでもなく遠くへ流されてしまった苦い経験もある。泳げない人は要注意である。

ここまでは人が少ない地域でのプリミティブな経験をあげてきたが、明確にトイレという設備がある環境で、日本に住む私たちが衝撃を受けるのはやはりアジアやアフリカのお尻を水で洗う形式のトイレだろう。水道から右手にもったじょうろやバケツに水を汲み、それをお尻にかけながら、左手の中指で尻の穴をぬぐう。代表的なのはインドだが、それ以外の国々でも市井の人々の多くは紙を使わない。慣れてしまえば紙を使うよりも、水で流したほうがよっぽど清潔だと感じるのはぼくだけだろうか。

はじめてその土地にたどり着き、人のいない野山で、あるいは薄汚れた安宿のトイレに入って用を足すと気持ちが切り替わる。身体の内から呼び起こされた生理現象によって、どこか現実的ではなかった異郷の地がようやく今ここにある現実の世界へと変化し、通りすがりの透明な存在だった訪問者は、大地に降り立った異邦人となり旅人となる。トイレの存在はあまりにも当然で日常的であるがゆえに気づかないけれど、人はそこで他の誰からも離れて昨日を振り返り、明日を思い、目の前にある世界そのものと触れることになるのだろう。

Ⅵ

空

まぼろしの、空。

エチオピア

アフリカ第四の高峰〝ラスダシャン〟はエチオピアの北部、大峡谷の中に存在している。

ラクダとともに谷へ分け入り、歩き続けること一週間。森林限界を越えて行き着いた先には、煙のような濃霧に包まれた頂があった。

髪の水滴を振り払いながらさらに高い空を見上げると、人を食ってしまいそうな怪鳥が奇声をあげて群れている。

数秒間だけ見えた彼らの姿はすぐに標高五〇〇〇メートルに近い空の彼方へ消えていった。

幻空。

気球

渡良瀬

「空を旅したい」。そう思ったのは一度や二度ではない。登山やカヌーによる航海、自転車の旅などを通して、ぼくはこれまで地球の表面を這うように移動してきた。高峰の山頂に何度か立ったとき、見上げるとそこにはいつも突き抜けるような空があった。

スキーや自転車など人力の移動手段と同じように、自分の中に風景を取り込みながら、しかも自然の力に逆らわず、空を旅するにはどうすればよいだろう。パラグライダーやハンググライダーは揚力によって空を飛ぶので、一定の距離と時間で陸地に降り立ってしまう。無論、飛行機は問題外だ。地球の大きさを感じるどころか、地球はこんなにも小さかったのか、と誤解さえしてしまうことになる。ならば気球は？　気球なら、一定の燃料さえ積み込めば案外長く空を飛び続けることができる。しかも、風以上のスピードはでないし、火を焚いていないときは音もなく空に溶け込むことができる。今までの自分の移動のペースから考えると、気球という乗り物がいちばん自分に合っていると思った。ぼくが旅の手段として気球に行き着いたのは、このような経緯からだった。

近頃は毎週末、気球の練習をするため栃木の渡良瀬《わたらせ》に足を運んでいる。ここは北関東ではもっともポピュラーな気球の飛行地域で、週末には必ず数台の気球を見ることができる。稲の刈り取りが終わった後の田んぼや遊水地が広がり、離陸にも着陸にも困ることがない。ぼくはここで気球クラブに出入りさせてもらいながら、操縦方法や風の読み方などを日々学んでいる。

熱気球の原理は単純そのもので、熱い空気は冷たい空気よりも高く浮くという法則を利用して、火で空気を温め、球皮を膨らませて空へ飛び上がる。球皮の下には人が四人乗ると精一杯のバスケットがワイヤーで吊り下げられており、頭上のバーナーで火を焚いたり消したりしながら高度を保ち、風に乗って移動する。気球の最大の弱点は、上下には動けても左右の方向転換がきかないことだ。文字通り風まかせなわけで、風が北に吹けば北に行くし、南へ吹けば南へ流されてしまう。だから、離陸した地点に戻ってくることができず、着陸後はたいていチェイスカーと呼ばれる伴走車にピックアップしてもらうのだ。

ぼくがはじめて気球に乗ったのは、草野球のグラウンドのすぐそば、渡良瀬の河川敷にある草むらの中からだった。気球を浮かび上がらせるために、朝露に濡れた草むらを走り回っているといつのまにかジーンズが膝下までぐっしょりと湿っていた。朝の冷たい空気が肌を包み、動いていないと寒さが忍び寄ってくる。

熱い空気に満たされた気球は、朝の冷気を押しのけるようにしてふっと空へ浮かび上がる。本当に音もなく、飛ぶというよりはシャボン玉が空を舞うように優しく浮き上がるのだ。バスケットの中から下を見ていると、グラウンドで野球の練習をしている人々の姿が少しずつ小さくなり、いつしか点になって、最後には見えなくなった。そして、人の話し声も車の騒音も耳に届かなくなり、音も消えた。

水平線が見える。田んぼが広がる渡良瀬遊水地の先には小高い山があり、あちこちに池が見えた。道路は蛇行しながらどこまでものび、ぽつりぽつりと民家が点在している。登山で三六〇度のパノラマが楽しめるのは、山頂に立ったときだけだが、気球は違う。空にでれば、どこを見ても地球の表面を限りなく見渡すことができる。こんな景色は今まで見たことがなかった。

動物写真家の故星野道夫さんは、気球でアラスカの上空を飛びながらカリブーの移動を撮影することを夢見ていたという。セスナはエンジン音が大きいために、飛行中に撮影するとどうしてもカリブーの群れが逃げ、それを追うようなアングルでしか撮れなかった。気球なら大気に溶け込めるので、もっと優しい写真が撮れるのではないか、と星野さんは話していたそうだ。

気球が日本に入ってきてから三〇数年ほどしか経っておらず、まだまだ開拓しがいの

ある移動手段だとぼくは思う。時代に逆行するスローペース、風まかせの旅というのも気に入っている。風と一緒に移動するので、寒風にさらされて体感温度が下がることもない。夢見ていた空の旅、風を読みながらのんびりと空を漂う日が来るのはもしかしたらさほど遠くないかもしれない。

太平洋横断

気球による空旅行への熱は冷めることなく今も続いていて、毎週末、金曜の夜から泊り込みで飛行訓練に明け暮れている。

新しいことをやりはじめたら、その可能性をとことんまで追求したい。その思いは気球に関しても同様で、熱気球の性能を最大限に生かした少々大がかりな旅の準備を開始した。行なおうとしているのは、「熱気球による太平洋横断」である。

二〇〇四年一月に、何度も訓練飛行をして慣れている栃木の渡良瀬を離陸し、一万メートル前後の上空にあるジェット気流に乗って、北米大陸の〝どこか〟に到着を予定している。アメリカ西海岸のシアトルあたりに着陸したいと思っているのだが、風まかせの移動であるため、正確な着陸地点はわからない。ハワイを過ぎたあたりから気流は北と南に分かれるので、もし下手をすれば真冬のアラスカや、赤道に近いメキシコあたりのジャングルまで行ってしまう可能性もなくはない。

ジェット気流というのは、地球をぐるりと取り囲むように吹いている偏西風という西風のことで、中でも風速六〇メートル程度の強い帯状の流れのことを指す。海抜八〇〇〇メートルから一万二〇〇〇メートルくらいの上空に存在し、幅は数百キロ、厚さは数キロという巨大なものだ。真冬の一月と二月、そのジェット気流が太平洋を真一文字に横断することがままあり、今回の遠征ではその風をうまく利用する予定だ。

標高八八四八メートルのチョモランマはジェット気流の影響をもろに受けるので、気流が弱くなる五月頃に登山するのだが、空の旅の場合、それとは正反対のいちばん気流が安定する時期を狙って空へと向かう。山にしろ空にしろ、自然や気象条件を味方につけないと、人間は簡単に跳ね返されてしまう。

飛行機でアメリカやカナダなどへ旅行するとき、行きと帰りとでは所要時間が大幅に違うことを疑問に思った人はいないだろうか。行きはジェット気流が追い風となるためスピードがあがり、帰りは向かい風となるためにスピードが遅くなってしまう。西から東へ向かうそのジェット気流が、今回の遠征のカギを握っているのだ。

うまく気流に乗れば、気球といえども時速一五〇キロから二〇〇キロのスピードで空を移動できる。全行程二日半、六〇時間前後で、北米大陸に到着する予定だ。もし成功すれば、熱気球による世界最長の飛行距離と飛行時間の記録を更新するおまけもついてくる。

球皮は、パラシュートなどをつくる職人の方と共に作った手製のもので、高さ三六メートル、直径は二六メートルの超特大サイズのものを使用する。三五人もの人間を乗せられる浮力があり、今ある気球のなかでは世界で二番目に大きい。普段目にする気球の約八倍の大きさだ。

この大きな気球に、燃料となるプロパンガスや飲料水、食料、無線機、衛星電話、GPS、酸素ボンベなどを積んで飛行するのだが、ただジェット気流に乗ればそれで計画が成功するかというとそうではない。風は高さによって方角が変わるので、微妙な移動方向のズレを見極めて、どの風に乗るかコントロールしなくてはいけないし、何よりリスクが大きいのは、海抜一万メートルという高度だ。ヒマラヤの八〇〇〇メートル峰に無酸素で登った場合、ボクシングで思いっきりKOされたくらいの脳細胞が死滅するといわれている。つまり、低酸素の状態で行なう高所登山活動は身体にひどい負担がかかるのだ。そのヒマラヤ登山の、八〇〇〇メートル以上にいるのは頂上アタックの際のせいぜい一日程度で、それ以上の長い時間、高所に滞在することはない。できないといったほうが正しいかもしれない。

しかし、今回の気球による遠征は、チョモランマより高い場所に六〇時間ものあいだ留《とど》まらざるをえない。完全に密閉されていないゴンドラに乗って、そのような長時間、空にいた人間の前例は今までにないし、高所順応は見込めないので、地上付近から酸素ボンベの酸素を吸い始めるのは当然としても、気温や気圧の影響によって身体にどのような変化が起こるかはわからない。飛行機の外にしがみついているのと同じようなものだといえばわかりやすいだろうか。

極限状況に身をさらしながら、自分の身体が何を感じるのか楽しみだ。カメラやハンディビデオなどはもちろん持っていくので、空での様子は克明に記録したいと思う。星は限りなく大きく見えるのだろうか、成層圏に近い場所で迎える朝の光は何色をしているのだろうか。

空へ。スカイラインの彼方に見えるものは？　ぼくはそれを確かめるため、雲上の世界へ足を踏み入れる。未知の場所へ向かうときの昂揚感を今ほど強く感じているときはない。

離陸　埼玉

先日、埼玉県の河川敷でグライダーに乗った。グライダーとはエンジンのない航空機のことだ。空を滑るように飛ぶことから別名滑空機とも呼ばれる。ハンググライダーともパラグライダーとも違い、一応身体のまわりは強化樹脂などで覆われており、きちんとしたコクピットがあって、操縦桿《かん》を握って運転することができる。

動力がないので、自分で飛び上がることはできない。ウインチがついた専用のトレーラーで、グライダーに装着されたロープを引っ張り、勢いをつけて助走しながら空へ飛び上がるのだ。ゴムをつかって飛ばす紙飛行機と原理的にはさほど変わらない。

動力をつかわない旅に今までこだわってきたが、このような遊び道具があることはつい最近知った。陸では自転車、海や川ではカヤック、雪面ではスキーと、さまざまな道具がある中で、空を自由に旅する日がいつか来るだろうか。

飛行機乗りのサン＝テグジュペリがこんなことを書いていた。「僕はかつての素晴ら

しい惨めさを懐かしく想っている。あの頃は月の終わりと始めで生活が違った色彩を持っていた。毎月が見事な冒険だった。——世界は素晴らしかった。僕はなにも手に入れる事ができなかった為にすべてをのぞんでいたからだ」。大陸から離れ、海や空を隔てて自分が住んでいる場所を見つめ直すと、また違った様相が見えてくる。空へ飛び出さずとも、あらゆる土地や考えから自分を〝離陸〟させることはできる。そのとき人は世界を素晴らしいと感じられるのかもしれない。

『雲』

考えてみると、ぼくはいつも雲を見ながら旅していた。太平洋をカヌーで航海したときは雨雲を探して飲み水を確保し、ヒマラヤ登山では見上げる山頂を覆っている雲をうらめしく思った。熱気球に乗って高度八〇〇〇メートルの音のない世界へ上がったときは、月明かりに照らされた雲の模様によって進んでいる方向や速度を確認したし、分厚い雪雲に気球の進路を阻まれたこともあった。予兆であり、目印であり、支えであり、今いる場所の状況を占うバロメーターでもある存在、それがぼくにとっての〝雲〟だった。

マリオン・ヘンセルの映画『雲』は、そのような千変万化の雲をあらゆる場所から撮影し、私たちには手の届かない雲をめぐる世界をこれ以上ないというほど緻密《ちみつ》に追いかけている。南アフリカ、ナミビア、アイスランド、レユニオン島、ベルギー、マダガスカル、スコットランドなど撮影地は多岐にわたっており、時には三〇〇〇メートル級の山々の頂上から眼下の雲を撮り、時には熱気球に乗って雲上の世界を追う。また飛行機に乗って四〇〇〇メートルから五〇〇〇メートルの上空へ行き、ドアを開けたまま流れる雲を凝視《ぎょうし》する。カメラは雲を見上げ、見下ろし、そしてさらに雲のただ中へと入り込んでいく。

また、雲のみならず、水蒸気や煙突から湧き上がる煙、土から立ち上る蒸気や火山から飛び散る噴煙など、雲を取り巻く大気上のあらゆるものが被写体となっている。そこに立ち現れるのは水と水蒸気によって雲が生まれ、霧散していくサイクルとその環境であり、観客は七六分間のあいだに雲の一生を何度も垣間見ることになる。しかし、そこには教育番組のような一方的なメッセージの押しつけはなく、観客はそれぞれの雲を得ることになるだろう。スクリーンの前にいながらにして、一所にとどまっていては見られない多様な雲を一気に眺められるのは実に幸せなことではないか。

この作品を見終わった直後、チャールズ&レイ・イームズ夫妻によって作られた『POWERS OF TEN』を思い出した。この本には顕微鏡でしか見えないミクロの世界から、現代の科学では行き着くことのできない何億光年か先のマクロの宇宙までを一気に通り抜ける垂直の視点が描かれている。ある一点を基準に、どんどん視点を上げていって何億光年も先からその一点を写しているものもあるし、また逆に、視点をどんどん小さくしていって細胞の中を写したグラフィックも収録されている。目線が水平ではなく垂直方向に動き、高さだけが変わっていくので、ページをめくりながら、通常ではありえない三次元の視点を意識させてくれるのだ。そして、これらの体験は『雲』にもあてはまる。

人間は、山を越え、川を下り、海を渡って、はるか昔から水平方向への移動を追求し続けてきた。アフリカで生まれた人類は、北上しながら現在のヨーロッパを通り、氷結したベーリング海を渡り、北米を通って、南米の端へと旅しながら地球上に拡散していったわけだが、近年になって「気球」という乗り物を創り出したことにより、人類は足を地面につけることなく、垂直に空へと向かう新しい視点を獲得することになった。これは、人間にとって大きな一歩だった。しかし、それを映像的に感じられる作品にはこれまでほとんど出会ったことがない。ぼくが『雲』に惹かれるのは、水平方向への移動に慣れた自分たちの目線を垂直方向へ、いわば三次元の世界へと否が応にも引きずり込んでくれる点にある。

大陸から離れ、海や空を隔てて、住んでいる場所を見つめ直してみること。周縁から中心を見据え、辺境から都市を眺めると、自分の中に描いた世界が変化する。たとえ実際に空へ飛び出さずとも、ふとしたことによってあらゆる土地や考えから自分を〝離陸〟させること。この作品はそのようなきっかけになりうるとぼくは信じている。

早回しされて生き物のように変化する雲海の映像群に、凝縮された地球の時間を感じる一方、一一通の息子への手紙を通じて監督であるマリオン・ヘンセルの人生の時間がフラッシュバックされていく。映像を見つめながら雲上へ意識を飛ばしていると、視線は急に地上へと引き戻され、人間世界のリアルな現実へと直面することになる。手紙、とりわけ自分の息子に向けた手紙はごく個人的なものであり、それを地球や宇宙という次元と対比させることによって、作品により強い説得力を生みだそうと試みているのかもしれない。

ナレーションはフランス語版・英語版・ドイツ語版・スペイン語版・オランダ語版の五ヵ国語版が製作され、トーンを抑えて手紙を淡々と読み上げるのはそれぞれの国を代表する女優たちだ。日本ではカトリーヌ・ドヌーブによる仏語版とシャーロット・ランプリングによる英語版の二ヴァージョンが上映されるそうだが、担当する女優によって作品の雰囲気もだいぶ変わってくるだろう。

そのような空と人間の時間を交互に見つめていると、凝視しないとわからないほどゆっくり移動する雲のように、自分たちの身近にある日々の生活が微細に変化し続けているということを観客は意識せざるをえない。雲が二度と同じ形を見せないのと同様、後戻りできない唯一無二の時間をわたしたちは今この瞬間生きている。

映画を観ながら、生まれては消えていく雲の存在が、旅の途上にある世界中の人々の営みと重なった。今もこの雲の下で限りない人々が多様な生活を営んでいる。映画館を

出た後、流れる雲に自分の姿を投影しながら、ここではないどこかで見上げるであろう新しい雲に思いを馳せる。

また、旅に出よう。そう思わせる作品だった。

雪送り

山形

春先に起こる「雪送り」という現象を知っているだろうか？　山形などで見られるそれは、子グモが上昇気流に合わせてお尻から糸を出し、糸が空中高く舞い上がって、その浮力によってクモが飛行することをいう。その習性は「バルーニング」とも呼ばれ、特定のクモのみならず、多くのクモが同じような習性をもっているらしい。晩秋にも似た現象が起こり、その場合は初雪が降る前後に起こるために「雪迎え」といわれるそうだ。

また、日本だけではなく、北カリフォルニアには「バルーンスパイダー」と呼ばれるクモもいる。ちっぽけなバルーンスパイダーが孵化《ふか》しはじめると、彼らはすぐさま葉の先端までよじのぼり、そこで絹のようなバルーンを紡ぎ出す。そして号令に合わせるかのように、いっせいに風に乗り、地上高く、ときには三〇〇メートルほどの高みまで舞い上がってコロニーを形成し、水面に着くかもしれない危険をおかして、新たな土地を求めて果敢に出帆するという。

はるか昔、地球上に新しい島ができたとき、そこに一番はじめにたどりついたのは風に乗ってやってきたクモだった。旅するクモの話を聞きながら、突き上げられるように旅をはじめる生命の身軽さにぼくは気持ちを揺さぶられる。クモという生き物は人から嫌われることも多いけれど、自分の身から紡いだ糸によって空中を移動し、少ない確率で繁殖を続け、新しい土地に移り住んでいく姿は親近感さえ覚えるのだ。

今ぼくが情熱を注いでいる気球を使った空の旅を勇気づけ、後押ししてくれるのは、このクモたちにほかならない。生物がいないはずの高度一万メートルの上空に、ジェット気流に乗って太平洋を横断するクモがいるのではないか、との噂《うわさ》を聞きつけてクモについて調べているのだが、あながち噂でもないらしい。海外では八〇〇〇メートルくらいの上空で飛行機からクモを採取した例があるし、ヒマラヤでは四〇〇〇メートル以上の高地にもクモが生息していることがわかっている。生きるために適した場所があるかもわからず、たとえうまい具合に風に乗ったとしても、海に落ちるかもしれないというリスクを背負いながら新天地を求めて旅するクモは素晴らしい冒険者であることは間違いない。

ぼくたちはクモほど身軽ではないかわりに、たとえ上昇気流がなくたって足で歩きだすことはできる。今まで地球上のさまざまな場所を通して、旅の経験を書いてきたが、旅の原点はただ歩き続けることだ。何も持たず、黙々と歩き続けること。全ての装備を

知恵に置き換えて、より少ない荷物で、あらゆる場所へ移動すること。自分の変化を、そして身の回りの環境の変化を受け入れて、楽しむことこそ人間が生まれもった特殊な習性のひとつではないか。

予測できる未来ほどつまらないものはない。道の先に何があるかわからないから面白いのであって、安心をもたらす予定調和など必要ないはずだ。大きな会社に就職、何歳で昇進して、何歳で結婚して、何歳で家を建てて……、はっきりいってそんなことはどうでもいい。たとえばこんな話がある。昔、人々が新しい環境に移住して集落をつくる際、一頭の鹿をそこに放して、その鹿が歩いた跡を道として定めることにした。まっすぐな道を碁盤の目のように組み合わせるのではなく、その集落では動物の本能に任せて道をつくったのだ。先に道をつくってしまうのではなく、動物が本能によって歩いた軌跡が道になる。

ある晴れた日、思い立ったらザックひとつを背に歩き出せばいい。身勝手な生き方だと思われるかもしれないが、人間の生き方とは本来そのようなものではなかったか。生命は常に旅立っていく。上昇気流に乗って浮かび上がる子グモのようにヒトは身軽であるべきだ。

旅は続く。ぼくは死ぬまで歩き続けるだろう。ほかのどんなことも約束できないが、そのことだけは確信をもって言うことができる。

あとがき

「どうして危険な思いをしてまでわざわざ山に登るのですか」「なぜ旅を続けるのですか」と聞かれることが増えた。尋ねる側の目は真剣である。

そのような質問を受けるたびにぼくは狐《きつね》につままれたようになる。そんなの楽しいから行くに決まってるじゃないか。つらくてつらくて仕方なかったら、今いる安全な地を離れるわけがない。


例えば一人で高い山に登っているとする。そこは傾斜のきつい岩場だ。レンガ色の削られた岩の断片が積み重なって、足場が常に安定しない場所。ぼくは前方に広がる空と足元を交互に見ながら、ゆっくりと斜めに歩を進めていく。

酸素が薄いので、思考力も運動能力も低下している。前後には誰の姿も見えず、聞こえるのは自分の息遣いと岩を踏む足音だけだ。あの先には何があるのだろう、と考えながら、ふと思う。「今ここで足を踏み外したら、誰にも気づかれずに死んでしまうかもしれない」。そのようなことを考えた瞬間、全身の筋肉がぎゅっと強ばって身体が硬くなる。しかしその反面、精神的にも肉体的にも限界に近い場所、つまり命が危険にさらされるような空間に身を置いているということに、一種の快感ともいうべき電流が身体を駆け抜けるのだ。

カヌーに乗った自分が一人でアラスカの大河を下っているとしよう。熊の足跡やムースの後ろ姿は何度か見たが、一週間以上人には会っていない。川幅は五〇メートル以上あり、キャラメル色の水が音もなくただひたすら流れている。あたりは強い風で森がざわめいており、その先に何があるのか想像すらできない。カヌーが沈没したときのために岸辺から近いところを漕いでいたが、ふと大河の真ん中に出てみようと思い、方向転換をする。岸辺が徐々に遠くなり、視界の端に消えていき、代わりにたおやかな水の流れが迫ってくる。対岸を横目で見るが、彼岸のように遠い。自分の身体を左右に動かしてカヌーを揺らしてみる。川の真ん中でカヌーは不安定に揺れ、考える。

「こんなところで沈没したら、岸に泳ぎつく前に低体温症で動けなくなる。音も立てずに川の底へ沈んでいくかもしれない」。誰にも気づかれずに死ぬのは寂しい。考えると恐ろしいけれど、しかしぼくはそんな状況にいることが、一方で少しだけ嬉しい。喜びとは違うかもしれないが、奥から湧き上がる感覚という意味では似ている。自分はいま生きている、そう感じるのだ。

人類がアフリカで誕生して以来、ぼくたちの祖先は移動を繰り返してきた。山を登り、川を越え、海を渡り、空を駆け、暑さにも寒さにも適応し、今ではジャングルや砂漠、氷原にさえも人の息吹がある。人間はあらゆる環境を生き延びる野性を持ち、その土地を生き抜く強い生命力を備えている。歩き続けることによって、肉体も精神も変化し続け、その過程であらゆるものは削ぎ落とされて、最後には本当に必要な知恵だけが残る。

人は旅の中で見て、聞いて、感じ、考える。厳しいフィールドに身を置いているときに感じる幸せも、異文化の中で生活しているときに感じる幸せも、それは変化を求められることへの喜びなのかもしれない。ぼくはまだまだ歩き続ける。自分にとって生きることは旅することだ。それは揺るぎない。

この本を手にとってくださった皆さんの旅と自分の旅がいつかどこかの路上で交差することを願ってやまない。

石川直樹

解説

華《はな》　恵《え》

初めて石川直樹さんに会ったのは、二〇〇九年一月。石川さんの写真集『Mt.Fuji』が刊行された直後のトークショーだった。

編集部の方からは「高校生の視点で話していいから」と言われていたけれど、私は少し気後れしていた。探検家で写真家と言えば、気難しそうな大男が目に浮かんでくる。力強い写真集を見た後だけに、緊張は強まるばかりだった。自分のテキトウさを見透かされそうな気がして、ビクビクしていたのだ。

私は普段、熱くなって何かに打ち込む、みたいなことがない。広い世界に出て行こう、という冒険心も湧いてこない。山登りにしても、興味を失いかけていた頃だった。登頂すれば達成感も味わえるけれど、それ自体が目的になってくると、自分の体力や技術のなさを痛感することも多くなる。岩にぶら下がったまま「ダメだな」と思って落ち込んでしまうこともあった。私は「受験勉強があるから」とか「時間が取れない」とか、もっともらしい理由を見つけて、山から離れつつあった。

ただ、あの富士山の写真を見た時は、久しぶりに自分から「登りたい」と思った。不思議な写真集だった。末広がりの雄大な富士山の全容はもちろん、荒々しい山肌が目の前に迫ってくるような写真がたくさんあった。歩いている足元が見える。固い雪を踏みしめる時の音も、自分の息づかいも聞こえてきそうな気がする。写真というより、肉眼で見る山そのものだった。

写真集の後半になると、それまでの厳しい表情とは対照的に、「神」の住む富士山の姿が写し出されていた。火祭りに使われる真っ赤な神輿《みこし》。家の前の松明《たいまつ》。うっそうとした濃い緑に覆われる境内。白い浴衣と鮮やかな朱の帯。麓に暮らす人たちは、山と共に生きている。富士山は、無数の命を抱えている山だった。

そして、最後のページの写真は、テント前にきちっと揃えられた登山靴。

どんな人なのだろう。

会ってみたい、と思った。

私が緊張して控え室に入ると、そこには、編集部やスタッフに混じって、ひとり、濃いベージュの柔らかいセーターに茶色いパンツ姿の男性がいた。

石川直樹さんだった。

想像していたような威圧的な大男ではなかった。それより、まるで教育実習に来る大学院生みたい……といっても、私の学校は女子高なので、男の教育実習生には一度も会ったことがない。ただ、たまに教育実習で来る大学院生の中に、ベテランの先生よりも教え方がうまくて、いろんなことを知っていて、難しいことを簡単なことばで置き換えてくれる人がいる。人と群れず、いつも落ち着いて、堂々としていて、バックパックに本をたくさん入れて、黙々と歩いている。

目の前の石川さんは、そんな感じだった。

トークショーが始まると、私は、石川さんの落ち着いた声に安心して、次から次へと質問をぶつけてみた。富士山のこと。カヌーイストの野田知佑《のだともすけ》さんとの出会いのこと。道具のこと。

「山に行くって、装備とか道具とかに、やたらお金がかかりますよね」

調子にのって口走った直後、しまった、と思った。確かに私が普段から気になっていたことではあるけれど、「空気読めよ」という声が聞こえてきそう。スポーツでも芸術でも音楽でも、どんな分野でも、道具にはある程度お金がかかるけれど、本当に好きなら自分なりに工夫することだってできるし、それに費やす楽しみだってあるはず。トークショーで探検家に言うべきことじゃなかった。

でも、石川さんは、表情を変えることもなく、分かりやすく答えてくれた。

「確かにひとつひとつの道具は高いかもしれないけど、軽く十年はもつから、そうとも言い切れないと思うよ。ぼくなんか、山で使う道具や装備は全て十年以上使っているから。山で必要なものって、結局は普段の生活でも役に立つものばかりだからね。たとえば、今日みたいに寒い日は、山登りの時に穿くズボン下があると全然ちがうし」

そしてその場で、靴やズボン下、大きなバックパックなどを見せてくれた。

街から山へ、海へ、そして、海の向こうへ、と石川さんが向かう空間にはボーダーはないのかもしれない。同じものを身に着けて、広い空間を移動し続けている。

「それから、このバックパックも高校の頃から使ってるんだよ」

「え、高校、ですか?」

「そう、十七歳の時に買ったから」

私は、そのバックパックをまじまじと見た。十七歳。今の私の年齢。

十年後、二十年後、私はどうなっているのだろう。何を着て、何を持って、どこを歩いているのだろう。今の私は、どんな形でそこに繋がっていくのだろう。

石川さんの話を聞きながら、そんなことを思った。

その一か月後、私は石川さんに登山に同行してもらうことになった。私が月刊誌に書いていた山のエッセイはそろそろネタ切れだった。どこか近くの低山に行こうと思っていたのだけれど、私の山の先生は体調不良が続いていたし、自分ひとりで行く気にもなれない。どうしよう、と迷っていたら、石川さんが「行ってもいいよ」と言ってくれたのだ。
　行き先は、群馬県の赤城山。
　七大陸最高峰登頂を達成した人を近くの低山登山に引っ張り出すなんて、申し訳なく
て、歩きながら冷や汗が出る思いだった。この分だと、緊張で早くバテてしまいそう
……と思っていたら、一時間ぐらい過ぎたところで、いつもより体が楽なことに気づい
た。ゆっくり歩いているはずなのに、自分が予定した時間から全然遅れていない。むし
ろ少し早いくらいで、息切れもせずスムーズに歩けている。不思議だった。
　しばらくすると、今度は、樹氷のついた枝の間から、氷の張った真っ白い湖が見えて
きた。凍った湖の上には、ポツポツと赤や黄色のテントが張ってある。スケートをして
いる子供たちも、小さく見える。
「ちょっとここから見てみて」と言われて、デジカメを覗くと、肉眼で見るのとはまっ
たく違う世界が広がっていた。まるで絵本に出てくるような風景。どこか北欧の国のよ
うにも見える。かといって、現実から離れた夢の世界というわけではない。時空を越え
て繋がって行けるような空間があった。ごく普通のデジカメの中に、こんなに美しい世
界が見えるなんて。知らなかった。こんな世界があるなんて。
　石川さんが旅の中で見る風景って、こういうものなのだろうか、とふと思った。

同じところに行っても、同じものを食べても、誰もが同じものを見ているとは限らない。きっと、その人によって見えるものと見えないものがある。

その日は、いくら歩いても疲れなかった。話をしながら歩いているのに、息が上がらない。時間を気にしなくても、ちゃんと予定通り登頂した。そして、達成感よりも、「きれいだった」という思いが強く残った。

その後も、石川さんと一緒に行く山では、ハッとする瞬間がいくつもあった。今までは頂上に行くことばかり考えていたのに、山の表情が見える。人の柔らかい表情にも出会う。頂上で、カメラをタイマーでセットして自分の写真を撮っているおじさんがいると、石川さんが「撮りましょうか」と声をかける。とたんに、おじさんの顔がパッと明るくなって「お願いしていいですか？」と言う。ことばを交わすのは、ほんの二、三言なのに、皆、やさしく見える。ほんの数分のことなのに、人はどこかで繋がっている、と思える。

石川さんは今までどんなところを歩いてきたのだろう。どんなものを見てきたのだろう。そう思って、『全ての装備を知恵に置き換えること』を手にした。

目次を開くと、そこには、海も山も極地も都市も、果ては空にまで行き先が続いていた。どこかに焦点を当てて、その周辺を網羅する、というのではない。北極も南極も、山形も、フランスも、岐阜も、コスタリカも、埼玉も、イスラエルも、太平洋横断も、東京も、全て一冊の本に収められている。

真中には、東京の「小さな世界」がある。

東京の九段下にある学校の教室。誰もいない放課後の教室。窓からは西日が射しこんでいる。黒板に大きく書かれた「高1」の文字がうっすらと見える。教卓には、なぜか飲みかけのコーラが残されている。背の高い机。椅子の背もたれに無造作にかけられたタオル……。私が毎日過ごしている教室と重なる。女子高だけれど、よく似ている。

放課後の北の丸公園。千鳥ヶ淵の桜。神保町の古本屋街。神楽坂のゲームセンター。「学校を中心とした徒歩圏が世界のすべてだった日々をぼくは忘れない。インドの路上にはじめて立った衝撃は、対極にこの小さな世界がなければ生まれなかった」という。

いつだったか、石川さんと話している時、私は「北の丸公園なら時々行きます」と言ったことがあった。すると、石川さんは「でも、隅から隅までは知らないでしょ。カブトムシがいるところもあるんだから。あそこって、けっこう奥が深いんだよ」と言って、ちょっと嬉しそうに笑った。

自分のいるところが嫌いで、どこかに居場所を求めて飛び出す、というのではない。狭い世界から出ていく勇気も興味もない若者を、見下ろしているのでもない。広い世界に出て、「こんなに知っている」と自慢げに言うこともない。世界の極地や都市を比較したり、批判したり、ということもしない。上から目線はどこにもない。読者にも、行く先々でも。

どこに行っても、その土地での滞在期間にかかわらず、「家」と呼べる場所を見つける。ストックホルムでは、公園を散歩し、本屋に行き、地下鉄で「家」に帰る。朝食は「甘いパンとコーヒー」。市場に出かけ、「夕食はミートボールを作って食べ、深夜遅くまで本を読み、雑誌の原稿を書いていた」と言う。たった一週間のことなのに、まるでスウェーデンに移住した人のように。

誰もが知っている町でも、人が住んでいないようなところでも、誰からも忘れられているようなところでも、そこにだけ輝いている何かがある。そこでしか見ることのできない美しいものがある。

仏像が破壊された、内戦の続くアフガニスタンでさえも。

バーミヤンの食堂で食事をして、雑魚寝《ざこね》をした夜、外に出ると、そこは「今まで見たどんな夜空よりも明るかった」のだという。そこにあったのは、「無数の星」に照らされた「ミルク色」の夜空。

「天の川の色はことさら濃く光り、星が川の流れにのって揺れているようにも見えた。仏像破壊とテロ事件によって世界がこの国を見捨てようとも、人々の営みは確実にそこにある。（略）自分が住む街の空はすでに星を失いつつあるが、頭上にどこよりも多くの星をもつ土地があることを、忘れたくない」

こういう大人って、信じられるかもしれない。「信じる」なんて、普段は使うことがない重いことばだけれど、そう思った。

大人になると、自分の生きてきた時間と経験がある分、知らない土地に行くと、自分の価値基準で判断したり、他と比較するものだと思っていた。衛生面は、治安は、食べ物は、自然は、物価は……。それらをランク付けて、最終的には「やっぱり日本が一番」なんて満足そうに言ったりして。

でも、ここには比較もランク付けも出ていない。

それぞれの場所に命があり、そこで生きている人たちがいる。そこにだけ与えられた食べものがあり、そこでしか見えないもの、そこでしか生きられないものがある。

チョモランマで食糧や装備を運んでくれたヤク、北極で遭遇したシロクマ、イスラエルの死海で見かけたアラブ人家族、山形の紅花農家で獲れたてのトマトと牛乳を出してくれた「おばあちゃん」。みんなそこで生活し、生きている。

今、私がいるのもかけがえのない場所。

毎日の生活の中にも、きっと出会いや新たな発見がある。私が毎日通っている学校にも。通学路にも。同じ東京の中にも。

外に出てみよう。もっと歩いてみよう。ここから見える空は、きっと、コスタリカに、アフガニスタンに、アラスカに繋がっている。この空のずっと向こうに、オーロラが見えるところがある。

少しずつ歩き続けていけば、どこまでも遠くまで行けそうな気がする。

日本音楽著作権協会（出）許諾第〇九一三三一六三—五〇七号

集英社文庫　目録（日本文学）

石川恭三　定年ちょっといい話　閑中忙あり
石川恭三　50代からの男の体にズバッと効く本
石川直樹　全ての装備を知恵に置き換えること
石川直樹　最後の冒険家
石川宗生　ホテル・アルカディア
石倉　昇　ヒカルの碁勝利学
石田衣良　エンジェル
石田衣良　娼《しょう》年《ねん》
石田衣良　スローグッドバイ
石田衣良　1ポンドの悲しみ
石田衣良　愛がいない部屋
石田衣良　空は、今日も、青いか？
石田衣良他　恋のトビラ　好き、やっぱり好き。
石田衣良　答えはひとつじゃないけれど　石田衣良の人生相談室
石田衣良　逝《せい》年《ねん》
石田衣良　傷つきやすくなった世界で

石田衣良　REVERSEリバース
石田衣良　坂の下の湖
石田衣良　北斗　ある殺人者の回心
石田衣良　オネスティ
石田衣良　爽《そう》年《ねん》
石田衣良　禁猟区
石田夏穂　我が友、スミス
石田夏穂　黄金比の縁
石田雄太　桑田真澄　ピッチャーズ　バイブル
石田雄太　イチローイズム
伊集院静　むかい風
伊集院静　機関車先生
伊集院静　宙ぶらん
伊集院静　いねむり先生
伊集院静　愚者よ、お前がいなくなって淋しくてたまらない
伊集院静　琥珀の夢　小説　鳥井信治郎(上)(下)

伊集院静　ごろごろ
伊集院静　でく
伊集院静　タダキ君、勉強してる？
泉　鏡花　高《こう》野《や》聖《ひじり》
泉ゆたか　雨あがり　お江戸縁切り帖
泉ゆたか　幼なじみ　お江戸縁切り帖
泉ゆたか　恋ごろも　お江戸縁切り帖
泉ゆたか　母子草　お江戸縁切り帖
泉ゆたか　旅立ちの空　お江戸縁切り帖
伊勢﨑賢治　布施祐仁　文庫増補版　主権なき平和国家　地位協定の国際比較からみる日本の姿
一条ゆかり　実戦！　恋愛倶楽部
一条ゆかり　正しい欲望のススメ
一田和樹　天才ハッカー安部響子と五分間の相棒
一田和樹　女子高生ハッカー鈴木沙穂梨と0.02ミリの冒険
一田和樹　内通と破滅と僕の恋人　珈琲店ブラックスノウのサイバー事件簿
一田和樹　原発サイバートラップ

集英社文庫　目録（日本文学）

集英社文庫　目録（日本文学）

内山純　みちびきの変奏曲
宇野千代　生きていく願望
宇野千代　普段着の生きて行く私
宇野千代　行動することが生きることである
宇野千代　恋愛作法
宇野千代　私の作ったお惣菜
宇野千代　私の幸福論
宇野千代　幸福は幸福を呼ぶ
宇野千代　私の長生き料理
宇野千代　私何だか死なないような気がするんですよ
宇野千代　薄墨の桜
冲方丁　もらい泣き
冲方丁　サタデーエッセー　冲方丁の読むラジオ
冲方丁　アクティベイター
海猫沢めろん　ニコニコ時給800円
梅原猛　神々の流《る》竄《ざん》

梅原猛　飛鳥とは何か
梅原猛　日常の思想
梅原猛　聖徳太子1・2・3・4
梅原猛　日本の深層　縄文・蝦夷文化を探る
宇山佳佑　ガールズ・ステップ
宇山佳佑　桜のような僕の恋人
宇山佳佑　今夜、ロマンス劇場で
宇山佳佑　この恋は世界でいちばん美しい雨
宇山佳佑　恋に焦がれたブルー
江川晴　企業病棟
江國香織　都の子
江國香織　なつのひかり
江國香織　いくつもの週末
江國香織　薔薇《ばら》の木　枇杷《びわ》の木　檸檬《れもん》の木
江國香織　ホテル　カクタス
江國香織　モンテロッソのピンクの壁

江國香織　泳ぐのに、安全でも適切でもありません
江國香織　とるにたらないものもの
江國香織　日のあたる白い壁
江國香織　すきまのおともだちたち
江國香織　左岸（上）（下）
江國香織　抱擁、あるいはライスには塩を（上）（下）
江國香織・訳　パールストリートのクレイジー女たち
江國香織　彼女たちの場合は（上）（下）
江角マキコ　もう迷わない生活
江戸川乱歩　明智小五郎事件簿Ⅰ～Ⅻ
江戸川乱歩　明智小五郎事件簿　戦後編　Ⅰ～Ⅳ
NHKスペシャル取材班　激走！日本アルプス大縦断　密着トランスジャパンアルプスレース　富山～静岡415km
江原啓之　子どもが危ない！　スピリチュアル・カウンセラーからの警鐘
江原啓之　いのちが危ない！　スピリチュアル・カウンセラーからの提言
M　L change the WorLd
ロバート・D・エルドリッヂ　トモダチ作戦　気仙沼大島と米軍海兵隊の奇跡の〝絆〟

集英社文庫　目録（日本文学）

集英社文庫　目録（日本文学）

大沢在昌　罪深き海辺（上）（下）
大沢在昌　帰　去　来
大島里美　君と1回目の恋
大島里美　サヨナラまでの30分 side：ECHOLL
大城立裕　焼け跡の高校教師
大城立裕　レールの向こう
太田和彦　ニッポンぶらり旅 宇和島の鯛めしは生卵入りだった
太田和彦　ニッポンぶらり旅 アゴの竹輪とドイツビール
太田和彦　ニッポンぶらり旅 熊本の桜納豆は下品でうまい
太田和彦　ニッポンぶらり旅 北の居酒屋の美人ママ
太田和彦　ニッポンぶらり旅 可愛いあの娘《こ》は島育ち
太田和彦　ニッポンぶらり旅 山の宿のひとり酒
太田和彦　おいしい旅 錦市場の木の葉丼とは何か
太田和彦　おいしい旅 夏の終わりの佐渡の居酒屋
太田和彦　おいしい旅 昼の牡蠣そば、夜の渡り蟹
太田和彦　東京居酒屋十二景

太田和彦　町を歩いて、縄のれん
太田和彦　風に吹かれて、旅の酒
おおたとしまさ　人生で大切なことは、ほぼほぼ子どもが教えてくれた。
太　田　光　パラレルな世紀への跳躍
大竹伸朗　カスバの男 モロッコ旅日記
大谷朝子　がらんどう
大谷映芳　森とほほ笑みの国 ブータン
大槻ケンヂ　わたくしだから改
大橋　歩　くらしのきもち
大橋　歩　おいしいおいしい
大橋　歩　テーブルの上のしあわせ
大橋　歩　日々が大切
大前研一　50代からの選択 ビジネスマンは人生の後半にどう備えるべきか
大森寿美男 重松清・原作　アゲイン 28年目の甲子園
岡崎弘明　学校の怪談
岡篠名桜　浪花ふらふら謎草紙

岡篠名桜　見ざるの天神さん 浪花ふらふら謎草紙
岡篠名桜　雪の夜明け 浪花ふらふら謎草紙
岡篠名桜　芝居巡り 浪花ふらふら謎草紙
岡篠名桜　花の懸け橋 浪花ふらふら謎草紙
岡篠名桜　屋上で縁結び
岡篠名桜　日曜日のゆうれい 屋上で縁結び
岡篠名桜　縁つむぎ 屋上で縁結び
岡　田　育　我は、おばさん
岡田裕蔵　小説版ボクは坊さん。
岡野あつこ　ちょっと待ってその離婚！ 幸せはどっちの側に？
岡本嗣郎　終戦のエンペラー 陛下をお救いなさいまし
岡本敏子　奇　跡
小　川　糸　つるかめ助産院
小　川　糸　にじいろガーデン
小川貢一　築地魚の達人 魚河岸三代目
小　川　哲　地図と拳（上）（下）

集英社文庫　目録（日本文学）

小川洋子　犬のしっぽを撫でながら
小川洋子　科学の扉をノックする
小川洋子　原稿零枚日記
小川洋子・平松洋子　洋子さんの本棚
小川洋子　そこに工場があるかぎり
尾北圭人　マイ・ファースト・レディ
おぎぬまX　地下芸人
荻原博子　老後のマネー戦略
荻原浩　オロロ畑でつかまえて
荻原浩　なかよし小鳩組
荻原浩　さよならバースディ
荻原浩　千年樹
荻原浩　花のさくら通り
荻原浩　逢魔が時に会いましょう
荻原浩　海の見える理髪店
荻原浩　人生がそんなにも美しいのなら　荻原浩漫画作品集
奥泉光　虫樹音楽集
奥泉光　東京自叙伝
奥田亜希子　左目に映る星
奥田亜希子　透明人間は204号室の夢を見る
奥田亜希子　青春のジョーカー
奥田英朗　東京物語
奥田英朗　真夜中のマーチ
奥田英朗　家日和
奥田英朗　我が家の問題
奥田英朗　我が家のヒミツ
奥山景布子　寄席品川清洲亭
奥山景布子　すててこ　寄席品川清洲亭二
奥山景布子　づぼらん　寄席品川清洲亭三
奥山景布子　かっぽれ　寄席品川清洲亭四
奥山景布子　義時　運命の輪
長田渚左　桜色の魂　チャスラフスカはなぜ日本人を50年も愛したのか
小佐野彈　車軸
長部日出雄　古事記とは何か　稗田《ひえだの》阿礼《あれ》はかく語りき
長部日出雄　日本を支えた12人
小沢一郎　小沢主義《オザワイズム》　志を持て、日本人
小澤征良　おわらない夏
おすぎ　おすぎのネコっかぶり
落合信彦　モサド、その真実
落合信彦　英雄たちのバラード
落合信彦・訳　第四帝国
落合信彦　狼たちへの伝言2
落合信彦　狼たちへの伝言3
落合信彦　誇り高き者たちへ
落合信彦　太陽の馬(上)(下)
落合信彦　運命の劇場(上)(下)
ハロルド・ロビンス　落合信彦・訳　冒険者たち　野性の歌(上)
ハロルド・ロビンス　落合信彦・訳　冒険者たち　愛と情熱のはてに(下)

集英社文庫

全《すべ》ての装備《そうび》を知恵《ちえ》に置《お》き換《か》えること

2009年11月25日　第1刷
2025年8月13日　第7刷

定価はカバーに表示してあります。

著　者　石川直樹《いしかわなおき》

発行者　樋口尚也

発行所　株式会社 集英社
東京都千代田区一ツ橋2-5-10　〒101-8050
電話【編集部】03-3230-6095
【読者係】03-3230-6080
【販売部】03-3230-6393（書店専用）

印　刷　TOPPANクロレ株式会社

製　本　TOPPANクロレ株式会社

フォーマットデザイン　アリヤマデザインストア　　マークデザイン　居山浩二

ISBN978-4-08-746500-6 C0195